MÉMORIAL

CATHOLIQUE,

A L'USAGE

DES ROYALISTES

DEVENUS OU RECONNUS LIBÉRAUX.

DE L'IMPRIMERIE DE PILLET AÎNÉ,

rue Christine, n. 5.

MÉMORIAL

CATHOLIQUE,

A L'USAGE

DES ROYALISTES

DEVENUS OU RECONNUS LIBÉRAUX.

> « Les atrocités de la révolution ne sont pas dans
> « le cœur humain ; elles sont dans le cœur de vos
> » doctrines. »
>
> M. le comte de MONTLOSIER, *de la Monarchie
> en* 1816.

A PARIS,

CHEZ PILLET AINE, IMPRIMEUR-LIBRAIRE,

ÉDITEUR DU VOYAGE AUTOUR DU MONDE,

De la collection des Mœurs Françaises, Anglaises, Italiennes, etc.,

RUE CHRISTINE, Nº 5.

—

1824.

AVERTISSEMENT.

———

L'ERREUR fait sans doute beaucoup de mal, exprimée dans les *journaux* qui se publient de nos jours en si grand nombre, avec tant d'avantages de fortune ou de renommée, et dont le dernier des citoyens, aussi bien que le plus grand, ne peut pas plus se passer que *de pain et de spectacle*. Mais, toute grande que soit la corruption dont les journaux libéraux sont la source, elle s'évanouit devant celle produite par les *livres* proprement dits. Les hommes qui écrivent habituellement dans les feuilles libérales, empêchés par l'abondance ou par la disette absolue des matières, et retenus depuis quelque tems par la terreur salutaire de la suspension ou même de la suppression, n'ont guère plus le loisir et la volonté d'organiser le sophisme que leurs lecteurs préoccupés ne les auraient de s'y laisser prendre. Nous plaçons et nous cherchons les événemens du jour, et, il faut le dire, des *personnalités* dans les journaux, rarement des doctrines et des systèmes. Lorsque nous en voulons, c'est à la composition ou à la lecture que nous avons recours; et sous ce rapport, comme les bons livres sont singulièrement utiles, les mauvais sont équivalemment dangereux; et d'autant plus que leurs auteurs sont, et depuis long-tems, en possession d'une grande réputation de royalisme et de talent, et qu'à la considération dont ils sont honorés ils joignent l'avantage d'une grande fécondité littéraire pour l'entretenir.

Il est facile, à ces traits, de reconnaître les ouvrages de M. le comte de Montlosier : nous en offrons la réfutation directe. L'autre sorte de réfutations des mauvais ouvrages, c'est-à-dire celle qui résulte de l'exposition et de la preuve des vérités, abstraction faite des ouvrages où elles sont attaquées, toute suffisante qu'elle puisse être, ne le semble jamais aux yeux des lecteurs ordinaires, qui sont en majorité. On s'imagine les sophismes de *Monsieur un tel* vérités, par celà seul que ces sophismes ne sont par littéralement rapportés et régulièrement détruits; et parce que l'apologiste de la vérité n'a pas cité en personne celui de l'erreur, on croit qu'il en a eu peur. Ainsi M. de Montlosier nous pardonnera de l'avoir mis en scène : il n'y avait que ce moyen-là de lui rendre, ainsi qu'à la société, le service de remédier, autant que possible, aux maux qu'il a faits.

M. de Montlosier a attaqué toutes les grandes parties de la doctrine catholique, sacerdoce, culte, dogme, morale : nous les justifierons toutes par des *traits* que nous croyons décisifs. Délaissant perpétuellement tout ce qui, dans ses livres, n'est qu'insignifiant ou ridicule, purement littéraire ou d'érudition, nous nous attacherons exclusivement à ce qu'il y a de *réel* et de grave. Nous nous permettrons même, dans cette vue, de scinder quelques-unes de ses périodes, mais avec la *conscience littéraire* de ne dire jamais rien de plus ni de moins que la vérité en ce qu'elle a d'utile. Si, contre notre volonté la plus sincère, il nous était arrivé de nous tromper, et de prêter à M. de Montlosier des sentimens hétérodoxes, nous lui déclarons que nous sommes prêts à reconnaître nos erreurs, et à lui faire la réparation qu'il exigera : nous serions trop heureux que notre *Mémorial catholique* (1) fût, pour M. de Montlosier, l'occasion de reconnaître, ou seulement d'exprimer plus clairement une seule vérité.

C'est à l'avantage d'avoir su *choisir* dans les

---

(1) Nous n'avons fait que reconnaître la justesse de ce nom, en l'empruntant à un journal périodique qui réalise de mois en mois, et qui serait en état de réaliser plus souvent, les espérances que sa publication a fait concevoir aux amis de l'autorité catholique.

œuvres de M. de Montlosier, que, dans un siècle où tant de monde parle ou écrit pour ne rien dire, nous devrons en partie l'avantage d'offrir, en un petit nombre de pages, en même tems que la réfutation *des Monarchies selon M. de Montlosier*, le système tout entier de la monarchie catholique.

Nous ferons voir que les livres de M. de Montlosier, comme tous les autres livres philosophiques, en attaquant le sacerdoce, le culte, le dogme, aboutissent secrètement au dégagement des devoirs; et qu'en un mot nous ne voulons jamais *réformer* la religion que pour y gagner, en définitive, la licence des passions et la liberté du crime.

MÉMORIAL
CATHOLIQUE,

A L'USAGE

DES ROYALISTES
DEVENUS OU RECONNUS LIBÉRAUX.

CHAPITRE Iᵉʳ.

De la marche philosophique de l'erreur dans ses attaques
contre la vérité.

Aux yeux de tout ce qui n'est pas stupide,
le monde est évidemment le sujet et le théâtre
de grands combats d'élémens matériels ou mo-
raux hétérogènes. La physique est la science
des uns, comme la philos ᵢᵢ᷍ᵢᵉ est la connais-
sance des autres. Le *feu* triomphera de la matière, et l'homme juste du méchant : les sciences
physiques et métaphysiques ont démontré cela,
et l'Esprit Saint a fait plus que le démontrer,
il l'a dit. Mais dans ce grand combat de l'esprit mauvais contre l'esprit bon, ou le Saint-
Esprit ; dans cette lutte opiniâtre de l'enfer

contre le ciel (1), des bons contre les méchans,
comme il y a, de part et d'autre, *esprit* et volonté, il faut bien qu'il y ait vue, objet, but,
et par conséquent *plan* et marche régulière ;
et c'est aussi ce qui se trouve ou qui se voit
d'une façon éclatante : la marche de l'esprit
malin et celle de la Providence seront un jour,
nous avons lieu de l'espérer, le sujet d'un ouvrage qui pourra bien, sinon faire rendre, du
moins étonner les adversaires de la vérité.
Nous nous contenterons ici, en ne reprenant
les choses que dans les derniers tems et relativement au sujet de cet opuscule, de faire ob-
server qu'en religion comme en politique les
sophistes, qu'ils s'en aperçoivent ou non, n'ont
jamais manqué, dans les assauts qu'ils ont livrés
aux apôtres de la vérité, ou en d'autres termes
à la vérité, d'attaquer la vérité religieuse avant
la vérité politique. Protestans, jansénistes,
philosophes, tous les sectaires, tous les hommes
de l'erreur et de l'orgueil ont attaqué les droits
de l'autorité religieuse et son existence même,
avant de méconnaître les droits ou d'en vouloir à l'existence de l'autorité politique. Loin

---

(1) « Une des premières vérités que nous ayions été enseignés
» à reconnaître dans notre enfance, c'est la *division* qui existe
» depuis l'origine des choses entre le ciel et l'enfer. » (M. de
Montlosier, page 115.)

de déclamer contre les rois, les sectaires et les philosophes, depuis Luther à Voltaire, n'ont cessé de les flatter (et aussi d'en être pensionnés) : n'avaient-ils pas même la prétention, en attaquant le clergé, de défendre les rois auxquels ils ne cessaient de le présenter comme l'usurpateur de leurs priviléges?

Et cette façon de procéder de l'erreur dans le combat qu'elle livre à la vérité, qu'on ne pense pas que, pour être de métaphysique, elle ne soit pas de sens commun : si la victoire était possible à l'erreur, ce serait à ce prix. La souveraineté politique, tant qu'elle existe (et elle existe alors même qu'elle a modifié son pouvoir, puisque, si elle ne *doit* pas, elle *peut* le reprendre), est toute puissante : pour le mal comme pour le bien, rien ne se peut que *selon son bon plaisir*. Par elle seule, l'autorité religieuse a entrée dans la monarchie; elle vit, elle est propriétaire, elle reçoit et conserve la liberté de la parole et des consécrations : le moyen sans le sceptre de briser l'encensoir! « Partout, et sur» tout en France où la royauté et si forte, » dit aussi très-bien M. de Montlosier (1), il » faut chercher à avoir le roi pour soi quand » on veut abattre la royauté. »

(1) Page 64.

Comme il y a une *marche* dans l'attaque des autorités en général, il y en a aussi une dans l'attaque d'une autorité en particulier : la philosophie a constamment attaqué les *abus* avant les *us*, la propriété et la liberté avant la personne, la personne avant la chose, le sacerdoce ou l'aristocratie avant le souverain pontificat ou la royauté. En un mot, ce n'est pas la cause qu'on attaque d'abord, c'est le moyen ou l'effet; ce n'est pas le *bras*, c'est l'instrument ou l'action. L'autorité est abattue indirectement, jamais directement : en d'autres termes, on ne l'*exécute* pas, on la séduit ; et sa fin est toujours un suicide.

Du reste, l'ennemi proteste toujours de sa soumission, alors même qu'il porte les coups les plus grands. Ç'a été une insistance perpétuelle dans les protestans de se dire *catholiques*, et dans le jansénisme de se dire *Romain*. Et de nos jours, un des plus fameux partisans de la démocratie, sur le point de se voir exclu d'une chambre des députés monarchiques, n'a pas fait difficulté de proclamer que, *dans nos mœurs, la république était* à la fois *un mal et une chimère*. Ainsi, et à cet égard encore, le procédé de la révolte est très-habile : elle attaque le pouvoir avec toutes les apparences de le respecter.

CHAPITRE II.

Des unions et des scissions des hommes d'état et des écrivains
relativement à la défense de la vérité.

Il y a une marche dans l'erreur en général
en hostilité contre la vérité ; il y en a une aussi
dans les réunions et dans les divisions des apo-
logistes de la dernière. Lorsqu'il s'est fait une
révolution absolue dans la pensée et dans la vie
légitimes, lorsque le grand œuvre de la sagesse
divine s'est vu successivement démoli dans
toutes ses parties, et qu'en conséquence d'une
'oi fondamentale de la nature, le bien épuisé
'ecommence, des écrivains et des fonction-
iaires s'agrégent, par cela seul qu'ils ont de
:ommun la profession de quelques vérités, sauf
i se diviser, et quelquefois à se haïr, à chaque
iccident qui amènera la victoire ou la défaite
à ceux d'entre eux qui ont dans la tête plus de
vérité, et dans l'action plus de capacité que
les autres.

Cela est encore de nécessité ; car comment
rouver tout de suite, près du pouvoir, des hom-

mes absolument *analogues* pour l'exercer ? et
comment surtout les peuples, sortant des révolutions, se trouveraient tout à coup doués
d'assez de vertu pour mériter des pouvoirs ou
des précepteurs pleinement éclairés et sages?
car ce sont les peuples qui font les rois ; et c'est
en ce sens seulement que les peuples sont sou-
verains. Des hommes éclairés et vertueux ont pu,
ont dû peut-être, se réunir à des hommes qui l'é-
taient moins, mais qui l'étaient assez pour la sorte
de bien à faire d'abord ; ils ont dû s'en séparer, ce
bien opéré. Lorsque Jésus-Christ a déclaré *qu'il*
n'était pas descendu des cieux pour apporter la
paix , mais la guerre ; lorsqu'il a dit *qu'il était*
venu séparer le frère d'avec le frère , l'enfant
d'avec le père , c'est pour ce cas qu'il a parlé.
Et les gouvernemens qui , sous le prétexte de
la pureté de leurs intentions et de la certitude
de la bonté de leurs règles de conduite , ont
cru pouvoir paralyser des oppositions évidemment monarchiques ou religieuses, n'ont
jamais fait que les fortifier : en cette matière ,
mettre des obstacles à l'action, c'est la faire.
Aussi, depuis le *Directoire* jusqu'à ce jour,
c'est-à-dire depuis le premier pas vers la
monarchie jusqu'au commencement de sa *res-*
tauration , les pouvoirs aristocratiques , les

assemblées nationales, les ministères, les théologiens et les publicistes, d'abord unis, se sont successivement et sans cesse séparés, et d'amis en apparence sont devenus adversaires; et cela pour se trouver toujours les derniers meilleurs que les précédens.

CHAPITRE III.

De la tactique générale d'un célèbre libéral de nos jours.

L'EXPOSÉ de la double théorie du combat que
le mal livre au bien, et de l'union et de la dé-
sunion des défenseurs de la vérité était nécessaire pour apprécier parfaitement une foule
d'hommes et d'écrivains qui, sans cela, seraient
des énigmes : de ce nombre est M. de Montlosier. Cet homme qui, par ses opinions, et
plus encore par sa position sociale, se trouvait
l'un des premiers et des plus notables défenseurs de la monarchie à l'assemblée constituante (1), se trouve aujourd'hui l'un de ses plus
grands et de ses plus redoutables adversaires.
Cette tactique perfide qui dirige ses traits sur
la religion pour atteindre plus sûrement la
politique, qui sape la royauté dans ses fonde-
mens catholiques, en semblant la flatter et la
soutenir ; qui a, sinon pour objet, du moins

---

(1) Témoin le titre seul d'un de ses premiers ouvrages : *De
la nécessité d'une contre-révolution*, 1791.

pour résultat inévitable, d'établir une scission
entre le sacerdoce et l'empire si essentiellement
alliés et inséparables, pour les faire tomber
tous les deux, et l'un par l'autre, au malheur
des peuples et des générations. Cette tactique
qui s'acharne sur un pouvoir en paraissant
n'attaquer que ses prétendus abus; qui proteste
de son attachement à l'autorité et lui dénie ses
premiers moyens d'existence ; qui reconnaît
une autorité, mais abstraite et indépendante
de la personne-roi ou prêtre, c'est-à-dire une
autorité illusoire; qui proteste de son respect
pour la souveraineté pontificale et même pour
l'épiscopat, et déclame contre le clergé en général, le clergé actif, sans lequel le grand clergé
ne serait rien, puisqu'il n'a pour mission que
de l'établir, de le surveiller et de le mainte-
nir; et surtout contre les missions et les corporations religieuses, son plus évident moyen
de recrue et de secours ; cette épouvantable
tactique, on ne saurait se le dissimuler, se
trouve dans tous les livres, à toutes les pages,
même au milieu de celles qui en semblent le
plus exemptes, de M. de Montlosier; à ce point
que je me trouve dans la malheureuse obligation de déclarer, par ce qu'il va m'être facile
de faire voir, que cet homme, sans que la plu-
part de ses lecteurs s'en aperçoivent (tant de

nos jours on lit ainsi qu'on écrit avec indifférence), ne fait rien moins que ressusciter les erreurs de tous les sectaires et les impiétés de tous les philosophes. Si M. de Montlosier n'a pas eu toute la profondeur de combinaison que je lui suppose, cela m'est égal, l'enfer l'aura eue pour lui.

CHAPITRE IV.

Comment les libéraux font du pouvoir religieux une terreur
pour le pouvoir politique.

L'un des soins que M. de Montlosier paraît
avoir le plus à cœur, c'est de faire du clergé
une terreur pour le gouvernement : « *Le gou-*
» *vernement*, dit-il, *se perd.... Dans la voie*
» *qu'on suit il n'y a que deux perspectives, la*
» *première, celle d'un succès plein, et alors on*
» *verra remplacer la souveraineté du peuple*
» *par la souveraineté des prêtres* (1)..... *Une*
» *faute grave du gouvernement est d'avoir*
» *livré toute la France au clergé* (2).

» .... Avec une religion qui pénètre aussi
» profondément dans le cœur que le christia-
» nisme...., si vous ne faites une attention ex-
» trême à *un ordre d'hommes saints, assuré-*
» *ment*, mais dont la sainteté est mélangée,
» d'une part, dans les misères de l'humanité,
» hommes saints et séparés par la chasteté des

(1) *Introduction.*
(1) Page 165.

» faiblesses de la chair, *caro infirma*, mais qui
» n'en sont que plus susceptibles *peut-être* (1)
» de se livrer aux écarts de l'esprit, *spiritus*
» *promptus*, hommes saints, mais qui, n'ayant
» point de familles, sont par là même un peu
» moins citoyens...., vous pourrez les voir s'é-
» garer, et les peuples s'égarer à leur suite....,
» *vous pourrez voir, non seulement la société*
» *entière, mais la souveraineté elle-même tom-*
» *ber dans leurs mains....* C'est à de *pieu-*
» *ses* (2) suggestions que les Stuarts ont dû
» leur chute (3). »

Il m'a fallu transcrire au long de pareilles lignes ; car sans les lire, comment les croire? Un clergé sans dotation foncière, et dont les membres, la plupart pauvres de patrimoine, reçoivent pour vivre moins de traitement que le dernier des commis de la plus petite admi-nistration ; un clergé qui est exclu de la plu-part des fonctions publiques, qui n'a (et encore pas depuis long-tems) que quelques membres dans la chambre haute du parlement; et qui

---

(1) *Peut-être :* passe encore quand on doute d'une sottise en la disant !

(2) *Pieuses;* il y a sûrement faute d'impression : c'est *im-pies* que l'auteur a voulu dire.

(3) Page 246.

n'en a pas un dans l'autre, dans les conseils du roi, dans le ministère, où il a toujours eu sa place sous les règnes les plus absolus comme sous les règnes les plus faibles ; un clergé enfin n'ayant que le droit de parler dans une église à ceux qui viennent l'écouter, et de donner ou de porter des *grâces* à ceux qui se présentent ou l'appellent pour les recevoir ; un tel clergé présenté comme *en possession de la France* et sur le chemin de la *souveraineté* politique, dans un moment où tout le monde avec tous ses *bras* y aspire, et cela parce qu'il est *plus susceptible des écarts de l'esprit* comme *saint et séparé par la chasteté* (c'est-à-dire par une vertu) *des faiblesses de la chair!* Est-ce là de la mauvaise foi ou de l'ironie, ou bien est-ce purement et simplement de la bêtise?

CHAPITRE V.

Comment les libéraux font du pouvoir religieux
un épouvantail pour les peuples.

APRÈS avoir cherché à rendre le sacerdoce
odieux à l'empire, M. de Montlosier semble
vouloir les rendre tous les deux redoutables
aux peuples : « Un certain accord du monar-
» que et des ministres de la religion, dont le
» pouvoir est essentiellement absolu, mène à
» croire, dit-il, que *la servitude religieuse est*
» *ménagée comme transition à la servitude po-*
» *litique* (1).... Je me retournerai vers ceux qui
» crient : *Vive l'inquisition!* le christianisme,
» leur dirai-je, ne commande ni l'inquisition
» ni les auto-da-fés... (2). Et ailleurs, *si la reli-*
» *gion triomphe, vous aurez, sous un nom ou*
» *sous un autre, un bon tribunal de l'inquisi-*
» *tion; la France sera dirigée vers le huitième*
» *ou le neuvième siècle...* (3). La société ne
» peut pas être saisie : j'appelle *saisie, la prise*

(1) Page 165.
(2) Page 24.
(3) Page 356.

» *de possession de l'ame et de la vie à laquelle*
» *le prêtre aspire* (1). » Toutes les fois que j'ai
entendu faire une terreur de l'*inquisition* et
de ses *auto-da-fés*, ou de la rétroaction de
prit humain du dix-neuvième siècle au huitième, la pensée m'est venue que, s'il était
donné aux peuples de voir clairement la *vérité*,
ce ne seraient pas l'*inquisition* et le retour au
moyen âge, mais ceux qui feignent de les re-
douter, qui seraient un véritable sujet d'é-
pouvante !

---

(1) Page 518. Voyez la même doctrine dans *la Monarchie*
française, depuis son établissement, faite par ordre de Bonaparte.
« Le christianisme veut envahir toutes nos actions et toutes
» nos pensées. Il ne se contente pas des préceptes, il impose
» des précepteurs... Il peut résulter de là un état d'obsession
» qui peut devenir extrême. » (Tome 2, page 55.)

CHAPITRE VI.

Que les libéraux font sottement des *abus* une objection
contre la chose.

M. DE MONTLOSIER parle sans cesse des vices réels ou possibles des prêtres, en d'autres
termes des *abus* du sacerdoce (1). Nous lui
portons, ainsi qu'à tous autres, le défi de ré-
pondre à cette réfutation de l'objection des
abus si souvent faite au pouvoir religieux ou
politique. Un abus de pouvoir n'est rien, ou
c'est une injustice commise envers un sujet. Or,
celui-là seul qui a éprouvé une action du pouvoir, connaissant les prévarications de son cœur,
est capable d'apprécier cette action du pou-

_____

(1) « Dans l'ancien régime , dit M. de Montlosier (p.   ),
» j'ai été lié avec beaucoup de prêtres ; c'étaient des hommes
» d'esprit, des hommes d'honneur ; mais en vérité ils n'étaient
» pas plus prêtres que moi. » Dans le nouveau régime, M. de
Montlosier est, dit-on, lié avec M. l'abbé de Pradt , son com-
patriote. Est-il séant à un homme du monde de s'en venir
juger le clergé sur des hommes *qui ne sont pas plus prêtres que
lui?* M. de Montlosier est un enthousiaste de la noblesse : que
dirait-il si on lui objectait contre l'institution MM. de Chau-
velin et de Lafayette, par exemple, qui la renient ?

voir dont il se dit la victime; et précisément tous les hommes à qui le gouvernement *ne donne pas ou prend* (2), alors surtout qu'ils sont le plus criminels et qu'ils méritent le plus d'être punis, ont toujours crié et crieront toujours à l'injustice. Est-ce à dire que le gouvernement est infaillible? non sans doute; mais *il est comme s'il l'était* à l'égard de ses administrés, n'ayant point de compte obligé à leur rendre. A moins qu'on ne prétende au *saint* droit *d'insurrection;* mais alors on arrive au droit d'usurpation, à une nouvelle autorité enfin; en sorte que ce n'est pas éviter la cause de l'*abus*, mais la ramener, et que le sujet quelconque d'un pouvoir ne saurait jamais lui nier l'infaillibilité qu'il ne se l'attribue à lui-même.

Après avoir fait au clergé un crime de son existence même en lui en faisant un de son *humanité*, M. de Montlosier lui fait un crime de son moyen d'existence; car il lui en fait un de sa propriété. Il répète, d'après la philosophie, les grands biens que, depuis la fondation de la monarchie, le clergé a sans cesse reçus, et qu'on lui a aussi sans cesse enlevés. Si, pour ma part, j'avais voulu louer le clergé, j'aurais

---

(1) Un sujet ne saurait avoir à se plaindre du pouvoir dans un cas qui ne rentre pas sous une de ces deux actions.

rapporté cela ; car, quel plus grand sujet de gloire pour un ordre que d'acquérir sous les plus grands princes, c'est-à-dire de mériter sans cesse, et pourtant d'être sans cesse persécuté sous les tyrans? Ce n'est jamais en effet que sous de grands rois que le clergé a été riche, et sous de mauvais ou de faibles qu'il a été *exproprié*. Au reste, il y avait, ce me semble, pour reprocher au clergé ses antiques richesses, un tems plus opportun que celui de son indigence. Tous ces legs pieux, dont on a si fort relevé l'importance, disséminés sur les immenses besoins de l'église, ne l'empêchent pas de se trouver encore, et pour bien des années, à la merci de la charité publique, et même à celle du budget. Otez le droit de propriété à l'Eglise, et vous la déshéritez à la fois du droit d'être respectée et du droit d'être charitable ; car le moyen pour un prêtre de ne pas être méprisé s'il est nu, et d'être béni s'il ne donne!

CHAPITRE VII.

Que les libéraux vont jusqu'à prêter au clergé les crimes dont ils sont les auteurs.

MAIS c'est contre les missionnaires, c'est surtout contre les jésuites que M. de Montlosier se montre ennemi. Il parle avec colère « *D'une classe d'hommes pieux qui ne con-* » *çoivent la religion*, dit-il, *qu'avec l'accom-* » *pagnement des jésuites et des missionnai-* » *res* (1). » Et afin de faire voir jusqu'à quel point il est fondé dans sa haine contre un ordre illustre, c'est à lui qu'il impute et la philosophie du dix-huitième siècle, et l'impiété de nos jours : « Ailleurs, dit-il, *j'ai fait voir la cause* » *des éruptions d'impiété dans ce jésuitisme* » *auquel on veut aujourd'hui revenir. On se* » *plaint de voir revivre Voltaire et Rousseau;* » *s'ils n'étaient pas morts ils naîtraient* (2). »

M. de Montlosier se complaît dans cette étrange opinion (3); il vous donne des chapi-

(1) *Introduction*, page 14.
(2) Page 252.
(3) Déjà dans son grand ouvrage de 1814, tom. 2, pag. 16, M. de Montlosier avait fait preuve de cette sorte de logique, en attribuant à Louis XIV tous les maux du dix-huitième

tres *ex professo* : « *Comment le parti révolu-*
» *tionnaire est favorisé par le clergé ? — De*
» *l'accroissement de l'esprit révolutionnaire*
» *en France, depuis la restauration,* etc., etc. »
Ailleurs, il dit : « *Avec le système en faveur on*
» *pense faire des honnêtes gens et de bons*
» *chrétiens. J'affirme qu'on ne fait que de*
» *mauvais sujets et des philosophes* (1). » Et
puis, comme Bonaparte, enfant et héritier de
la révolution, ne favorisait pas le clergé, les
missionnaires et les jésuites, ainsi que le fait
aujourd'hui le Roi de France, en sa qualité de
Roi très-chrétien, M. de Montlosier, qui veut
être conséquent, trouve admirable la prospé-
rité de la religion et des mœurs sous Bonaparte.
Il a observé, *dans ses courses minéralogiques,*
l'esprit public sous son règne, et il affirme
qu'*on ne citerait pas à cette époque* (de 1801
à 1814) *une maison qui professât l'impiété.....*
« Les prêtres, il est vrai, dit-il, n'avaient ni
» existence civile, ni importance mondaine ;
» ils en étaient plus recherchés (2). »

_____

siècle : « *Je vais nommer,* dit-il, *le véritable siècle de Louis XIV,*
» *c'est le siècle de Louis XV et de Louis XVI : voilà l'héri-*
» *tage que ce prince a composé et qu'il nous a laissé.* »
　(1) Page 273.
　(2) Page 298.

CHAPITRE VIII.

De la société des Missionnaires.

LA société des missionnaires et l'ordre des
jésuites sont des institutions admirables dans
les grands besoins du christianisme , c'est-à-
dire dans ses commencemens et dans ses réta-
blissemens. Le curé d'une paroisse est trop
connu de ses paroissiens; il est forcé de vivre
trop *en famille* avec eux pour se trouver les
forces de captiver leur attention, et de remuer
et de convertir leurs cœurs. Son tems et son
zèle suffisent d'ailleurs à peine à l'enseignement
du jeune âge, à la célébration des offices et à
l'administration des sacremens. La prédication
solennelle, la *démonstration évangélique* de-
mandent l'homme tout entier. Les hommes
froids à la vue, endormis à la voix du prêtre
de l'ordinaire, se réveillent à l'allure et aux
exercices, à la parole et aux chants des prêtres
de la mission. L'expérience, en ce point, con-
firme le raisonnement : réduites à leur clergé
vulgaire, les villes et les communes de France
demeurent dans l'indifférence, et font de la

religion comme elles font tout autre chose.
Occupées quelques jours seulement par des
missionnaires, on va les entendre désœuvré et
peut-être ennemi, et l'on rentre chez soi
presque toujours ému et souvent converti. Tel
homme qui naguère brisait des *Christs* et mas-
sacrait des chrétiens peut-être, est vu suant,
comme autrefois son maître, sous le fardeau
de la croix qu'il va rétablir, et à laquelle, au
besoin, il aspirerait à être cloué !

CHAPITRE IX.

De l'ordre des Jésuites.

L'ordre des jésuites est nécessaire comme la société des missionaires; seulement il l'est davantage. Ceux-ci sont élevés pour la France, les autres sont instruits pour l'univers. Ils ont fait, ils y a trois siècles, un serment dans une petite église près de Paris, de se dévouer à la suprême autorité religieuse, dans un moment où cette autorité allait recevoir les dernières et les plus violentes attaques auxquelles elle était destinée; et ce serment, ils l'ont perpétuellement gardé jusqu'à la mort inclusivement. Jamais ordre (c'est là de l'histoire) ne fut plus nombreux, et pourtant n'eut moins d'apostats ni plus de martyrs de la fidélité. A peine quelques années se sont écoulées depuis le vœu de leur fondateur, que les voilà comme en possession du monde, à la fois sévères et aimables, élevant la jeunesse à la science comme à la vertu, convertissant les idolâtres, démontrant la vérité dans les livres comme à la chaire, secourant les pauvres et assistant les rois. On les a accusés d'ambition, comme s'il était possible de faire du bien sans la grandeur, qui est l'objet de l'ambition ! On leur prête de l'orgueil, et leur premier vœu est l'obéissance absolue aux ordres de la vertu ; et le second, la pauvreté du vêtement le plus grossier et de la nourriture la plus commune ! On a supposé à un petit nombre de leurs casuistes du relâchement dans leurs enseignemens ; et il s'est toujours trouvé la plus grande pureté dans leurs mœurs ! leur indulgence ne fut jamais que pour les autres ; et le seul vice qu'on leur ait reproché était ainsi celui d'une qualité. Enfin, on leur a reproché l'enseignement du meurtre des tyrans ? On a bien reproché à l'homme-Dieu l'usurpation de la couronne des rois ! Les jésuites (on ne saurait se le dissimuler) sont les *gardes-du-corps* spirituels des rois : les républicains n'avaient qu'un moyen sûr d'isoler les jésuites des rois, c'était de les accuser de régicide : avis aux rois ! Tout le monde crie et écrit contre eux (1) ! Vous savez bien qui, ô mon Dieu ! que le gouvernement

_____

(1) Peu content d'écrire sans cesse contre les jésuites, et d'exhumer des imputations mille fois réfutées, n'a-t-on pas eu récemment l'imagination de les faire écrire contre eux-mêmes ? C'est, il faut l'avouer, une nouvelle forme de calomnie. On a prêté *à l'ordre* d'infâmes *instructions secrètes* à l'usage de ses membres. Heureusement l'invraisemblance détruit ici l'accusation, et l'éclat de l'imposture en corrompt le danger. On a bien reproché aux jésuites leur ambition ; mais leur

le plus légitime et le plus juste tolère les *cris et les écrits séditieux* contre lui ; et ils sortiront de toutes les bouches et de toutes les presses. Les philosophes redoutent et par conséquent haïssent les jésuites, comme les voleurs les réverbères : loin que la haine soit ici une preuve contre l'objet haï, c'est le plus beau syllogisme qu'il puisse y avoir pour son apologie.

Mais le bon M. de Montlosier leur impute *les éruptions des impiétés de Jean-Jacques et de Voltaire* dans le dix-huitième siècle, et leur *résurrection* dans le nôtre? Expliquons ceci.

M. de Montlosier a vu, dans le dix-huitième siècle, les philosophes avec les jésuites; il a cessé de voir les uns en cessant de voir les autres pendant la tyrannie de Bonaparte; depuis la *restauration*, il les a vus reparaître ensemble :

---

inhabileté jamais : s'ils eussent conçu, et surtout rédigé le *Monita secreta*, ils auraient fait preuve de démence. Quand on veut faire faire le mal, on l'inspire, on le dit à *l'oreille*, mais on ne l'impose pas en maître, et moins encore on *l'écrit, et surtout en toutes lettres*. Et cela est si fort dans la nature humaine, que lorsqu'un crime se trouve commis, il est plus d'une fois arrivé que la *menace écrite* ou même verbale faite par un individu de le commettre, a été pour lui un moyen suffisant d'absolution. Aussi la fausseté du *Code de procédure* criminelle imputé aux jésuites lui ressort de tous les pores : la calomnie s'y trahit perpétuellement elle-même. Il suffit de le lire pour trouver dans chaque *instruction*, à côté de la tête du serpent, le bout de l'oreille de l'âne. En sorte que les auteurs qui ont publié le *Monita* n'ont publié que leur calomnie.

il s'est tout simplement imaginé que les jésuites
étaient la cause des philosophes. De raisonner
aussi superficiellement, je le pardonnerais à
un enfant; mais à un homme de la force de
M. de Montlosier! Il faut le rapprendre à ceux
qui l'oublient : comme il y a dans le monde
deux principes opposés, l'erreur et la vérité,
le bien et le mal, et se combattant sans relâche,
il y a aussi deux agens, deux fonctionnaires,
deux défenseurs de ces principes, sans cesse se
cherchant, et sans cesse en action militante
l'un contre l'autre.

S'il est incontestable que la vérité ne saurait
avoir pour source que l'autorité, les prédica-
teurs de l'erreur ne sauraient être que des rebelles à l'autorité, et ceux de la vérité des sujets fidèles. Or, comment nier que, dans nos
derniers siècles, les rebelles soient les philosophes, la *secte* la plus orgueilleuse, et les
fidèles *l'ordre* le plus obéissant qu'il y ait jamais
eus dans le monde (1)?

Selon que les *conservateurs* du bon principe
ont plus ou moins de mérites, ils ont aussi plus

---

(1) Sous ce rapport, *l'ordre des jésuites*, aux ordres du souverain pontife, est *représentatif* de l'Eglise universelle : et c'est
pour cela que les libéraux, même au milieu des plus grands intérêts politiques, ne s'occupent que des *jésuites*, semblent n'en
vouloir qu'aux *jésuites*, n'ont de priviléges chez leurs libraires
et de blancs dans les journaux que contre les *jésuites*.

ou moins d'avantages dans la grande guerre qu'ils font à leurs adversaires : tantôt ils sont vainqueurs et tantôt vaincus. Mais, qu'ils triomphent ou non de leurs ennemis, ils ne les quittent jamais. L'ordre des jésuites venait comme de suspendre, dans la chrétienté, l'action de la révolte protestante ; il venait de présider dans le monde à la grande et glorieuse ère du dix-septième siècle : il eut le malheur de s'endormir dans ses lauriers comme autrefois l'armée d'Annibal. Il laissa prendre à ses ennemis les forces qu'il abandonnait, (car la puissance ne se perd jamais, seulement elle se déplace). Il succomba.... Mais pour la vérité, les défaites ne sont jamais que des moyens de sanctification, et par conséquent de victoires nouvelles, comme pour l'erreur les triomphes sont des instrumens de corruption et de revers. Pendant que le clergé expiait ses fautes dans l'adversité, la philosophie encourait sa ruine dans la victoire. L'ordre des jésuites rapprenait, à l'écart, ses anciennes mœurs, et par elles son ancienne capacité, au même tems que la philosophie dégénérait successivement en démocratie et en jacobinisme, pour à la fin, comme de juste, se trouver en esclavage.

A présent se montre très-bien, je pense, tout ce que M. de Montlosier n'a pas vu ou n'a pas voulu voir. Dans la première moitié du dix-huitième siècle, les jésuites apparaissaient en même tems que les philosophes, seulement vaincus par eux. Durant le règne de Bonaparte, qui ne voulait pas plus de *liberté* que de religion, ou en d'autres termes, de jacobinisme que d'obéissance à d'autres que lui; sous le règne enfin de *l'indifférence*, les philosophes et les jésuites restèrent comme en état *d'interdiction* sous la tutelle de l'épée. Depuis et avec *la restauration*, ils reparurent les uns et les autres pour se mesurer de nouveau. L'ordre des jésuites et la secte des philosophes enfin sont toujours ensemble, tantôt pour se combattre, tantôt pour se reposer, en tout cas pour s'en vouloir. Parce que M. de Montlosier a sans cesse vu les philosophes *avec* les jésuites, il a cru qu'ils en étaient la conséquence (aussi bien il devait croire qu'ils en étaient le principe!). Au lieu de chercher la cause *au dessus* où elle est, il l'a cherchée *à côté :* c'était prendre l'opposition pour la cause, et confondre les défenseurs de la vérité avec les apôtres de l'erreur; c'était placer le crime là où est la vertu : on ne pouvait se tromper ou tromper plus absolument.

CHAPITRE X.

De l'immixtion du clergé dans l'état.

Mais ce que M. de Montlosier a le plus à
cœur, le regret qu'il manifeste à chaque page,
la chose à l'existence de laquelle il voit le plus
de danger, c'est ce qu'il appelle l'*immixtion*
d'un prêtre dans l'état, et même dans l'éducation. Et ce n'est point là une opinion nouvelle chez lui ; il l'a exprimée dès 1815 et pendant les *cent jours* (1), quoiqu'après tout il
fût assez inutile d'exprimer cette opinion-là à
une époque où le gouvernement n'avait garde
de la contester : « *Il ne faut point*, dit-il, *que*
» *les prêtres entrent dans nos conseils d'état et*
» *dans nos écoles.* » Et comme il ne siérait
pas d'attaquer une chose sans lui prêter des
inconvéniens, M. de Montlosier prête à celle-
là le double danger de la ruine du sacerdoce et
de la corruption de la jeunesse : « *Aussitôt que les*
» *choses du cloître entrent dans le monde, par*
» *la même issue les choses du monde entrent*

(1) *De la monarchie française, au 1ᵉʳ avril* 1815.

» *dans le cloître...* (1). Des prêtres que vous
» faites entrer dans les choses du monde , ne
» seront-ils pas peu à peu délustrés, finale-
» ment repoussés... (2)? *Un homme qu'on*
» *élève au plus haut rang de la hiérarchie sa-*
» *cerdotale pour le rendre plus capable des*
» *choses du siècle : y a-t-on pensé?... Au spec-*
» *tacle* (d'un recteur en costume ecclésiasti-
» que), *le bon sens de toute la jeunesse n'y*
» *tient plus, le rire éclate de tous côtés* (3). »
Or, du rire à la dépravation, selon M. de
Montlosier , il n'y a pas loin; et c'est alors que
se forment dans les colléges et *les mauvais su-*
jets et *les philosophes.*

J'ai rapporté la prétention; faisons voir à la
fois son illégalité et sa sottise. Les prêtres ne
sont pas dans les conseils d'état , il n'y en a pas
un ; mais je raisonnerai comme s'il y en avait,
parce qu'il doit y en avoir et qu'il y en aura.
Il ne le faut pas, dites-vous ; et pourquoi pas,
je vous le demande? « *Les Français*, selon la
» charte, *ne sont-ils pas également admissi-*
» *bles à tous les emplois?* » Et le prêtre , pour
recevoir une éducation plus soignée ; pour savoir plus que les autres la théologie, c'est-à-

---

(1) Page 287.
(2) Page 159.
(4) Page 3o5.

dire la première de toutes les sciences, selon
Diderot lui-même; pour être instruit à une
vie plus régulière et à de plus nombreux et de
plus grands devoirs; pour avoir plus de tems
à donner à la société, puisqu'il n'en doit point
à sa famille; pour être plus capable enfin en
serait-il moins admis? Serait-il de condition
pire que le dernier des citoyens, et comme
hors la loi? Tous les grands princes, et surtout
en France, se sont constamment entourés
d'ecclésiastiques. Louis XIV, en particulier, les
faisait ses premiers ministres : il est vrai que
Louis XIV n'y entendait rien, et que, sous son
règne, la France fut barbare !

« *Aussitôt que les choses du cloître entrent*
» *dans le monde, par la même issue les choses*
» *du monde entrent dans le cloître.* » Expli-
quez-vous, M. de Montlosier ! si vous voulez
dire que le prêtre ne doit pas vivre comme les
gens du monde, et administrer ou juger dans
l'état en même tems que *confesser* dans l'é-
glise, vous dites une chose raisonnable ; mais
qu'aussi personne, et le prêtre moins que tout
autre, ne vous nie. Mais si vous entendez que
tous les prêtres liés au cloître ou à l'église
soient condamnés à ne voir pas le monde et à
ne se mêler pas du monde, c'est une sottise que
vous dites, et une folie que vous voudriez ap-

pliquer; car, apparemment, les gens qui ont le plus besoin du prêtre sont ceux qu'il est forcé d'aller trouver; et s'il y a des affaires du monde que tout le monde puisse faire aussi bien que le prêtre, il y en a qui ne sont bien faites que par lui.

« *Des prêtres que vous faites entrer dans* » *les choses du monde, ne sont-ils pas peu à* » *peu déiustrés, finalement repoussés ?* » C'est le contraire; ils en seraient *illustrés* et considérables, et par conséquent plus utiles à la société comme à eux; et c'est précisément pour cela, M. de Montlosier, que vous insistez si fort pour les *cloîtrer*. Les peuples avec les siècles deviennent de plus en plus vains : l'unique moyen pour les gouvernemens de leur rendre le clergé respectable, c'est de lui donner de la grandeur; et le seul moyen pour le clergé d'être respecté, c'est de ne la demander jamais et de la subir quelquefois.

« *Un homme qu'on élève au plus haut rang* » *de la hiérarchie sacerdotale, pour le rendre* » *plus capable des choses du siècle : y a-t-on* » *pensé ?* » — Excellemment; car à quoi servirait la *grandeur*, si ce n'était à faciliter le gouvernement en facilitant l'obéissance ? Il est dans le cœur de l'homme d'obéir d'autant mieux que son supérieur est plus grand.

CHAPITRE XI.

De l'immixtion du clergé dans l'instruction publique.

« Comme *il ne faut pas de prêtres dans les*
» *conseils d'état, il n'en faut pas, selon vous,*
» *dans les écoles?* » — Oh! c'est pour le coup,
M. de Montlosier, que nous ne différons pas
seulement en partie, mais que nous différons absolument. Le prêtre, s'il est l'homme né de quelque chose, c'est éminemment de la jeunesse. La
jeunesse est une chose *sacrée;* il faut que les
hommes qui l'entourent soient *sacrés* aussi; et
c'était pour cela que Jésus-Christ, qui aimait
tant les hommes, aimait encore plus les enfans. L'instruction de la jeunesse, c'est la se-
mence de la patrie. On ne saurait trop y apporter de tems, de soins, de bonnes paroles,
de bons exemples, de désintéressement, de
religion enfin; et de qui pourrait-on attendre
plus cela, de l'homme du monde ou de l'ecclésiastique?

« *Une congrégation éminemment religieuse*
» *ne pourrait, sans perdre de sa dignité, sans*
» *se dégrader, s'adonner avec le soin minu-*

3

» tieux qui est nécessaire à un assemblage de
» frivolités (1). » — Quoi, M. de Montlosier,
l'éducation de la jeunesse, *un assemblage de
frivolités ! une congrégation éminemment religieuse ne pouvant, sans se dégrader, s'adonner* à l'éducation de la jeunesse ! vous n'y pen-
sez pas. La bonne éducation est le moyen unique de finir les révolutions, comme la mauvaise
est le seul moyen de les continuer et de les
faire ; c'est enfin le salut suprême des nations,
et vous en faites *un assemblage de frivolités !*
Vous seriez sur ce point le premier qui eussiez manifesté un aussi étrange sentiment, si
véritablement vous l'eussiez exprimé ; mais le
fait est que vous avez le bonheur d'être inconséquent : je lis à quelques pages de là (1), que
des prêtres « *sont préparés en congrégation,*
» *à l'effet de s'emparer, par l'éducation, de*
» *la génération à venir.* » Or, l'occupation de
toute *la génération à venir d'un grand état*
n'est pas, j'imagine, une *frivolité.* Mais, dites-
vous, M. de Montlosier, « *au spectacle* d'un
» recteur en costume ecclésiastique, *le bon*
» *sens de toute la jeunesse n'y tient plus, le rire*
» *éclate de tous côtés.* » La jeunesse est ap-

(1) Page 268.
(2) Page 161.

prise à l'impiété, elle est irréligieuse ; ce qui a les formes de la religion l'étonne : c'est une raison de plus pour lui donner la religion pour *maître ;* et c'était aussi l'opinion du philosophe Diderot (1). (M. de Montlosier serait-il plus philosophe que Diderot?) « Il est tout naturel » de choisir les maîtres dans le clergé...., c'est » là où le célibat n'est point suspect, parce qu'il » y est de règle ; *c'est là où la doctrine et les* » *mœurs se rencontrent le plus souvent réunis,* » parce que leur union y est nécessaire plus que » partout ailleurs..... *L'éducation fait partie* » *nécessaire du ministère de la religion, qui* » *appartient proprement au clergé.* »

---

(1) *Traité* d'éducation, titre des *maîtres*, tom. 1er des *œuvres* de Diderot, pag. 125.

CHAPITRE XII.

Que les libéraux ne veulent point de clergé.

M. DE MONTLOSIER demande un clergé sans abus, c'est-à-dire dont les membres soient infaillibles et impeccables ; il veut un clergé sans moyen de charité et de dignité, puisqu'il le veut prolétaire ; il le demande surtout faible, le demandant isolé de l'appui des missionnaires et des ordres religieux, ses indispensables auxiliaires ; il le veut *in abstracto :* il est évident que c'est demander l'abolition même du sacerdoce ; et en effet il l'a implicitement demandée et dans le livre qu'il a fait *par ordre* de Bonaparte, et dans le premier et dans le dernier qu'il ait faits depuis la restauration. Parlant du concordat de 1801, il dit « *qu'on reconnut un* » *pape..., des évêques et des curés...,* et *qu'une* » *religion toute servile obtint peu de res-* » *pect*(1)... Il est bien important que la France » demeure fidèle à cette religion et qu'elle en

----

(1) Tome 3, page 292.

» conserve scrupuleusement les rites. *Je ne*
» *connais, à cet égard, qu'un seul danger,*
» *qu'un seul obstacle, ce sont les prêtres* (1). »
Du reste, le moyen d'exécution que M. de
Montlosier avait sous-entendu dans ses premiers ouvrages, il l'exprime dans celui de
1824 (2). « *Il arrive*, dit-il, *la plus singulière*
» *des révoltes, celle du monde contre les prê-*
» *tres en faveur de la religion.* »

---

(1) Page 492. Déjà dans son volume de 1816, page 340,
M. de Montlosier avait dit que *ce n'était pas le prêtre qui faisait*
la religion, mais la religion qui faisait le prêtre. La religion
sans *l'homme* est évidemment une *chose :* le bon sens dit
assez, ce semble, que les choses *ne font* rien, mais *sont faites.*
M. de Montlosier dit littéralement le contraire; ainsi le bon
sens et M. de Montlosier sont en opposition.

(2) Page 289.

CHAPITRE XIII.

Que les libéraux ne veulent point de culte.

Mais qu'est-ce au fond que le désir de l'abolition du sacerdoce, si ce n'est le vœu de l'abolition du culte, c'est-à-dire le protestantisme, qui n'est autre chose qu'un déisme voilé, comme *le déisme*, selon le sens commun, aussi bien que selon Bossuet, *n'est autre chose qu'un athéisme déguisé.*

Rendons cette grande vérité sensible : il faut bien prendre l'homme comme il est ; or, c'est une disposition de son faible esprit d'oublier ce qui lui est caché, et de conserver ce qu'on lui rappelle. Le culte, avec ses nombreuses cérémonies, n'est pas autre chose qu'un perpétuel *sujet de souvenir*, et de nombreux *mémoriaux catholiques* de Dieu, de ses attributs, de son action, des devoirs qu'il prescrit, des promesses qu'il assure et des châtimens dont il menace. Sous ce rapport, il est fondamental et nécessaire ; il se confond avec l'existence de Dieu, avec sa parole, avec le dogme enfin,

puisqu'il est pour l'homme l'unique moyen de
les conserver. Mais le moyen de conserver le
culte sans son agent, sans son fonctionnaire,
sans le sacerdoce enfin et toutes les circonstan-
ces de son existence, et le respect qu'on lui
doit alors même qu'il a été faible, et une dotation immobiliaire, et surtout la liberté des
missions et des ordres religieux, ses supplé-
mens! Laissez le culte à la discrétion de l'homme,
il en sera pour lui du culte comme du dogme;
il l'oubliera, où, ce qui revient au même, il
l'examinera, le jugera, le modifiera, le chan-
gera, le détruira enfin absolument. Je renvoie,
à cet égard, à l'histoire de nos révolutions religieuses, comme à celle de l'ancien et du nouveau paganisme.

Et qu'on ne croie pas qu'il y ait eu témérité
à moi d'accuser de rejeter le culte M. de Montlosier, qui, dans ce que j'ai rapporté de lui,
semble n'en pas vouloir même directement au
sacerdoce. Je lis dans un coin de son livre ces
effrayantes paroles : « *Une partie de nos an-*
» *ciens rits n'est plus dans nos mœurs* (1). »
A quelques lignes de là, M. de Montlosier dé-
veloppe sa pensée ; il la donne même comme
celle qui a dominé son esprit et qui domine son

---

(4) Page 272.

dernier ouvrage tout entier : « Cette double
» cause , dit-il , l'exaltation qui , en chargeant
» la vie mondaine d'*une multitude d'observan-*
» *ces disparates* avec la vie du siècle, a mené
» l'homme à une soumission absolue , et le re-
» lâchement , lequel s'est introduit à la suite
» de l'exaltation.... Tels sont les deux mouve-
» mens dont j'ai à rendre compte. L'un a mené
» à la révolte par l'impatience du joug , l'au-
» tre, avec sa tiédeur , a mené également à la
» révolte par le mépris.... (1). *C'est une sin-*
» *gulière pensée*, dit-il ailleurs, *que celle qui*
» *porta les princes de la vie religieuse à presser*
» *tous les ressorts de leur puissance sur une*
» *pauvre frêle nature humaine* (2)..... »

Ainsi , M. de Montlosier ne demande pas
seulement , comme autrefois Luther , la réforme d'un abus , ou , si l'on veut , d'une apparence d'abus dans le culte ; ce n'est rien moins
qu'*une multitude d'observances* dont il veut l'a-
bolition. La *réforme* de M. de Montlosier n'est
point *partielle* , comme celle du quinzième siècle : elle paraît *universelle ;* c'est la réforme
appropriée au *progrès des lumières* pendant
trois siècles. M. Tschiner , célèbre professeur

---

(1) Page 275.
(2) Page 276.

de théologie protestante à Leipsic , définit le
protestantisme *un christianisme dégagé de
formes gênantes* : on dirait que M. de Montlosier ait étudié à son école. Il ne faut pas s'étonner,
après cela , de la bienveillance de notre philosophe pour les protestans (1). On pourrait, sans
aller trop loin , trouver le germe de ses erreurs jusque dans le mot qu'il prononça à l'*assemblée constituante* , et qui, selon moi , lui a
fait beaucoup trop d'honneur : « Vous chassez
» les prélats de leurs palais , ils se retireront
» dans la cabane du pauvre qu'ils ont nourri;
» vous voulez leur croix d'or , ils en prendront
» une de bois; c'est une croix de bois qui a
» sauvé le monde. » *C'est une croix de bois
qui a sauvé le monde?* Oui , d'abord.

Vous prétendez donc , M. de Montlosier ,
que l'église , dans *une pensée singulière* , et par
l'*effet de l'exaltation , a chargé la vie mondaine
d'observances disparates?* qu'elle a ainsi *pressé
tous les ressorts de sa puissance sur une pauvre
frêle nature humaine?* qu'elle a par là *mené
l'homme à une soumission absolue* , et que

(1) Page 290. Comme M. de Montlosier manifeste une *ten-
dance* pour les protestans, il faut bien qu'il en rejaillisse quelque
chose pour *leurs cousins les jansénistes.* (Ce n'est pas moi qui
parle, c'est Voltaire.) M. Montlosier, dit page 292 , que le *jansénisme, fort de ses vertus...., finit par renverser les jésuites.*

cette soumission a causé *sa révolte?* Voilà bien,
je pense, votre façon de raisonner : je suis
bien fâché d'avoir à vous le dire, il y a là dedans autant de sottises que de mots. Quoi! M. de
Montlosier, vous êtes septuagénaire, vous avez
exercé de grandes fonctions, vous avez enfin
fait une longue expérience de la vie, et vous
en êtes encore à ignorer ce que l'enfance elle-
même sait lorsqu'elle n'est pas dépravée : que
l'esprit comme le cœur humain, loin de s'affai-
blir, se fortifie ; loin de se trouver enclin à la
révolte, est disposé à l'obéissance, par les règles,
les observances, les devoirs enfin ; comme il se
relâche, se corrompt, et se fait usurpateur par
la liberté. C'est précisément parce qu'elle est
pauvre et frêle la nature humaine, qu'elle a
impérieusement besoin de règles, ou, en d'autres termes, de *culte* (car qu'est le *culte,* qu'une
règle)? Voyez comme les faits s'accordent avec
cela ! Les ordres religieux les plus admirables,
tels que les chartreux et les jésuites, ont été,
de tous les ordres, le plus *réguliers* (1), le
plus austères, le plus obéissans, comme les
armées les plus fortes et les plus fidèles furent
toujours les mieux disciplinées.

---

(1) *L'institut* d'un ordre religieux n'est pas autre chose
qu'*un second culte* ajouté au culte commun.

CHAPITRE XIV.

Que les libéraux ne veulent point de dogme.

M. DE MONTLOSIER attaque le sacerdoce et le culte : il serait par trop simple et inconséquent s'il s'en tenait là. Tout se lie dans la vérité , par la raison toute simple (et qui convertirait tous les incrédules et les rebelles, si elle était entendue et retenue) qu'il ne peut y avoir de vérité que celle déclarée par l'autorité ; et que si le sujet est en droit d'en méconnaître une , il a tout aussi bien le droit de les nier toutes. La vérité des attributs de Dieu, de sa volonté , des moyens plus ou moins extraordinaires qu'il a employés pour créer, pour conserver et pour *réparer* le monde, de sa parole , des devoirs qu'il prescrit, des espérances et des craintes qu'il donne (1) , la vérité de Dieu lui-même, la vérité du *dogme* enfin , ne sont pas plus vérités que celle du culte ; et lors-

_____

(1) En un mot, tout ce que l'église catholique enseigne (et elle n'enseigne et ne peut enseigner autre chose) sous les noms de *dogmes*, de *mystères*, de *sacremens*, etc.

qu'on nie celui-ci, je ne sache pas de raison de concéder l'autre. Aussi est-il perpétuellement arrivé que les hérésies se sont dégradées du mal au pire, et finalement se sont trouvées, je ne dirai pas en état d'*athéisme*, mais je dirai en état de *doute;* car le moyen de dénier ce que Dieu a dit, et de croire avec une certitude absolue à Dieu lui-même! Le protestantisme en est là, je crois, ou du moins doit y venir. Le paganisme tout entier ne put être qu'une dégénération de cette nature. M. de Montlosier devrait trembler; car je ne lui dirai pas qu'il est athée, mais je lui ferai voir qu'il est évidemment sur le chemin de le devenir.

Dans son premier ouvrage sur la *monarchie*, on voit qu'il semble exclure tous les dogmes catholiques; car il rejette, comme de luxe, tout ce qui est *extraordinaire :* « *Embarrassé* » *de* quelques *faits extraordinaires* apparte- » nant à la croyance des Hébreux, ainsi que » de quelques autres faits du même genre lui » apartenant en propre, *le christianisme avait* » *besoin surtout d'être présenté avec* grâce et » *ménagement.* » J'admets que M. de Montlosier, rejetant quelques dogmes du christianisme, inconséquemment ne les rejette pas

_____

(1) Tome 3ᵉ, page 291.

tous : de savoir précisément de quel et quel dogme ce monsieur ne veut plus, c'est ce qu'il n'a pas osé exprimer bien nettement, mais ce qu'il est aisé de voir, pour peu qu'on le lise avec attention. Tournez quelques pages après celle où il se révolte d'avoir vu l'église catholique *presser tous les ressorts de sa puissance sur la pauvre frêle nature humaine,* et vous trouverez qu'il s'agit de la *confession* (1). Remontez à la page qui suit immédiatement celle où il trouve *une partie de nos anciens rits hors de nos mœurs,* et vous y trouverez qu'entre autres obligations de dévotion surannées, on peut compter peut-être jusqu'à *la prière du matin et du soir* (2). Pour ne reculer pas là-devant, je ne sache qu'un philosophe de l'arrière-ban.

Mais, tout effrayantes que soient ces opinions de M. de Montlosier, ce ne sont pas à mes yeux celles qui le sont le plus. On dirait cet homme frappé d'un aveuglement complet : les vérités le plus nécessaires et par consé-

---

(1) Page 279.

(2) Page 273. Dans un endroit M. de Montlosier tourne en ridicule le devoir d'aller à la *messe,* lorsqu'on demeure à une certaine distance de l'église : il est évident qu'à la pudeur près c'est en vouloir à la messe, et avec elle au christianisme tout entier.

quent le plus simples, le plus aisément susceptibles de démonstration, le mieux démontrées
jusque dans les plus mauvais livres de théologie, telles que les vérités dogmatiques, en
d'autres termes, celle des attributs de Dieu, et
jusqu'à celle de Dieu lui-même, sont pour
M. de Montlosier des vérités impossibles à
prouver : « *Ne livrez pas au hasard du rai-*
» *sonnement*, dit-il, *des vérités dont la garde*
» *appartient aux mœurs ; laissez pour autre*
» *chose vos vigoureux syllogismes, cherchez*
» *comme M. de Châteaubriand à faire aimer*
» *la religion plutôt qu'à la prouver* (1). » Et
puis, il vous redit encore cela dans tout un
chapitre de galimathias méthaphysique (2).

Le hasard du raisonnement! Quoi! M. de
Montlosier, vous ne croyez pas au *raisonne-*
ment, et vous écrivez! et vous écrivez contre
tous les genres d'autorités, et surtout la plus
éclairée, le sacerdoce! et vous avouez même
la prétention où vous êtes d'avoir un système
à part, de n'être en tout point de l'avis de personne, de ne vous soumettre enfin ni aux pres-
criptions de l'autorité religieuse, ni aux sentimens de ses ennemis! Mais, dites-vous, c'est

(2) Page 256.
(3) Page 324, etc.

sur la politique et *l'histoire naturelle* que j'écris. — Et d'abord pas seulement ; car il faut bien que vous vous soyez ingéré d'écrire *sur la religion*, puisque c'est là dessus que je vous réfute, vous y prenant en flagrant délit ; ensuite, comme si Dieu avait permis de connaître le pouvoir politique et *les minéraux*, et pas lui-même !

Des vérités dont la garde appartient aux mœurs ! — C'est comme si vous disiez des vérités dont la garde n'appartient à rien, et qui doivent périr ; car, qu'est-ce, pour conserver des vérités, que des *mœurs*, c'est-à-dire des caractères ou des actions habituelles qu'on ne saurait concevoir eux-mêmes sans la *raison*, comme leur principe et leur règle ?

Cherchez, comme M. de Châteaubriand, à faire aimer la religion plutôt qu'à la prouver. — Il y a là contradiction ; car, la *beauté*, ou, en d'autres termes, *le génie du christianisme*, est une de ses preuves ; seulement ce n'est pas la plus importante ; et c'est véritablement *prouver* la religion que *la faire aimer*. Cela est fort heureux pour M. de Montlosier, qui nous déclare qu'il n'est encore qu'*un pauvre ermier*, et qui aspirait probablement à autre hose, vis-à-vis d'un écrivain alors ministre ; car il y avait un sûr moyen de s'aliéner un apologiste du christianisme, c'était de lui dire qu'il avait fait tout autre chose que de le prouver.

M. de Montlosier semble, en un mot, ne croire à rien. Il compose même depuis long-tems, et il annonce, comme son grand ou-vrage qu'il publiera incessamment, *les Mys-tères de la vie humaine* (1). Il ne voit partout que de la *matière;* il court l'Europe pour l'interroger jusque dans ses entrailles; il nous avertit qu'*il vit dans une solitude qui lui ôte toute relation avec les hommes du monde et surtout avec les hommes d'état* (2), comme pour se trouver tête à tête avec la nature seule; Il donne de longs *avis aux jeunes gens qui la cultivent* (3), jusque dans un volume où il pré-tend traiter *de la Monarchie française* tout entière : mais qu'est-ce que ne croire qu'à la matière vide de son Créateur, si ce n'est ne rien croire?

M. de Montlosier parle *du danger d'asso-cier à la recherche des choses naturelles la re-ligion, et surtout des prêtres* (4). S'il y avait, selon moi, un moyen de connaître à fond la nature, ce serait la *foi* à son auteur : les pre-

---

(1) Page 515.

(2) *Post-scriptum.*

(3) Chap. xı^e, 2e partie.

(5) Page 354.

miers phisiciens de chaque siècle furent tous des hommes religieux. Ne dirait-on pas que M. de Montlosier lui-même ait eu l'instinct de cette vérité, lorsqu'il réfute très-spirituellement le fameux livre *de la Mécanique céleste*, en disant simplement : « *La Mécanique céleste,* ô mon Dieu (1) ! »

M. de Montlosier rejette dans le dogme ce qui est *extraordinaire :* il faut qu'il en rejette Dieu lui-même ; car, s'il y a quelque chose d'*extraordinaire*, c'est surtout Dieu, puisqu'il est *unique*.

M. de Montlosier ne croit pas la vérité du dogme susceptible de démonstration : c'est saper la vérité et le monde entier par leur base ; car, quelle *base* donner à la vérité, si ce n'est sa *preuve ?*

M. de Montlosier ne croit pas le dogme susceptible de démonstration : il n'en croit donc pas susceptible Dieu lui-même, le premier et le plus grand de tous les dogmes ; il n'a donc pas la *foi* à Dieu ; ils se montre donc athée, sinon dans sa vie et dans ses opinions habituelles, du moins dans les principes bien entendus de son ouvrage : voilà où con-

(1) Page 547.

duit l'esprit d'indépendance ! Je ne sache pas
d'aussi grand bienfait de la Providence envers
l'homme, que de l'avoir mis dans l'impérieuse
obligation de la nier elle-même, aussitôt qu'il
a nié la plus petite des vérités catholiques.

Ainsi, M. de Montlosier n'est pas seulement
protestant comme rejetant le culte, il est encore philosophe, parce qu'il ne veut pas du
dogme. Faut-il s'étonner après cela que,
dans son premier ouvrage (1), il ait trouvé *ri-
sible d'entendre citer la suppression des jésuites
et les francs maçons*, comme causes de la révolution; et que, dans son livre d'aujourd'hui,
il ait voulu laver les philosophes du plus grand
crime dont ils aient été convaincus, quoique im-
punis? « *Je suis convaincu*, dit-il, *que tout ce
qui a été débité des prétendues conspirations
des philosophes est une fable* (2). » Ainsi, notez
bien cela, le même homme qui n'a pas la *foi*
à la preuve de Dieu, a pourtant la *conviction*
de l'innocence de ses dénégateurs !

Qu'on ne s'étonne pas, après tout, de la *philosophie* actuelle de M. de Montlosier : sa jeunesse (et c'est lui qui nous le déclare) *a été*

---

(1) Tome 2ᵉ, page 5o9.
(2) Page 295.

mêlée avec elle, et *il en a reçu souvent les confidences* (1); il reconnaît même qu'un *commencement de philosophie peut mener à l'athéisme* (2), et il avoue qu'il en a fait un moment *l'expérience :* alors je n'ai plus qu'une chose à souhaiter à M. de Montlosier, c'est d'en abandonner aujourd'hui *la théorie.*

---

(1) *Post-scriptum.*
(2) Page 347.

CHAPITRE XV.

Que les libéraux ne veulent point de morale.

APRÈS tout, il y a trop de feu dans le langage et d'erreur dans les principes de M. de Montlosier pour qu'il n'y ait pas d'intérêt : ce n'est jamais l'esprit, mais toujours le cœur qui a l'*initiative* du mal. L'*orgueil* est la grande plaie de M. de Montlosier, et la cause aussi de toutes ses erreurs. Il est vrai qu'il nous déclare, comme pour s'en justifier, qu'il n'est qu'*un pauvre fermier* (1) ; mais, n'a-t-il pas lui-même, quelques pages après, sans y penser, pris le soin de nous dire *que ce n'était pas lui, mais l'Esprit Saint, qui avait imaginé que le pauvre orgueilleux*, pauper superbus, *était une des ignominies de l'esprit humain ?*

M. de Montlosier ne parle du sacerdoce qu'avec le ton du mépris et les accens de la haine. Tout le monde sait que la révolution, qui souille tout ce qu'elle touche, a si bien fait qu'elle a fini par rendre délicat l'emploi au

---

(1) *Introduction*, page 41.

pluriel du mot *prêtres*. M. de Montlosier, qui
doit savoir cela, pourtant n'emploie presque
jamais ce mot autrement (1); et il a même le
perfide soin de le placer dans les finales de ses
périodes, et jusque dans celles de ses chapitres (2). « *Voici deux vérités*, dit-il ailleurs (3),
la première, etc.......... (J'en fais grâce à mes
lecteurs.) *La deuxième, que le peuple français déteste les prêtres.* » Il est évident que
M. de Montlosier qui, comme nous le verrons,
ne se classe pas dans *le menu peuple*, se classe
dans celui-là.

Non seulement M. de Montlosier hait les
prêtres, mais il les craint : « *Et ces bons prêtres*, dit-il, *dont je blâme les dispositions po-
» litiques, dirais-je tout ce dont je suis me-
» nacé de leur part* (4)? » Or, un homme
d'esprit de nos jours (5) a très-bien dit : « Les
» paysans (moi j'aurais dit les sujets mauvais)
» craignent l'ascendant des curés ; donc il faut
» rendre beaucoup d'ascendant aux curés. *Si l'on*

---

(1) Pages 161, 300, 330, 534, 354, 514, etc. *Passion.*
(2) *Des fausses vues du gouvernement relativement à la religion et aux prêtres*, chap. IV, 2 partie ; et encore les chap.
V et VI.
(5) *De la Monarchie en* 1815, chap. X.
(4) *Dédicace.*
(5) M. Fiévée ; *Correspondance administrative.*

» *traitait chacun selon ses craintes*, *on ferait*
» *justice à tout le monde*, et on assurerait le
» pouvoir royal : *les prêtres sont la vraie mi-*
» *lice des rois*, etc. »

Je puis bien me permettre de le dire à M. de
Montlosier, il a eu la bonhomie de nous l'ap-
prendre : s'il a rejeté le sacerdoce, le culte, le
dogme, c'est pour arriver, en dernière ana-
lyse, à se trouver le maître de sa morale,
c'est-à-dire à n'en avoir que *selon son bon*
plaisir, ce qui n'est guère différent de n'en
avoir point du tout.

« Les craintes de la vie présente et de la vie
» à venir, dit-il, sont sans doute d'une grande
» importance dans les tempêtes des passions :
» l'une et l'autre sont surtout nécessaires pour
» marquer le crime avec un sceau hideux. Mais
» *la morale*, celle qui s'établit dans les rap-
» ports habituels de la vie, par nos senti-
» mens d'équité et de bonté, *a-t-elle besoin,*
» *pour se former en nous, de ces menaces et*
» *de ces appareils ? est-ce en vertu de quelque*
» *précepte du Code ou du Deutéronome qu'une*
» *mère allaitera sa fille ?... est-ce à cause du*
» *précepte* non occides *que nous ne sommes*
» *point des meurtriers* (1)?

---

(1) *De la Monarchie en* 1816, page 343.

Il y a dans ce passage, je ne crains pas de
le dire, de quoi subvertir le monde entier.
Heureusement que sa sottise équivaut à son hor-
reur!—le *sentiment* suffit pour porter l'homme
à l'accomplissement de ses devoirs, et l'homme
n'a besoin pour cela ni de *précepte*, ni de *menace*; le *sentiment* suffit, oui, mais en tant
qu'il est réglé par une raison qui voit la nécessité de cet accomplissement. Et comment l'esprit de l'homme verra-t-il la nécessité des devoirs, sans la vue et de leur *précepteur* et de
ses *menaces*, sans la *crainte* enfin du châti-
ment de ses infractions? Le *précepte*, la *menace*, le vengeur, Dieu enfin ôtés de la société, l'homme ne doit plus rien à l'homme;
il est même son ennemi naturel, et cinq mille
huit cents ans d'expérience, contre les phrases
de M. de Montlosier, ont appris que la *mère*,
abandonnée à son *sentiment*, c'est-à-dire à
elle-même, loin d'*allaiter*, détruisait son fruit;
et que l'homme *isolé* de la présence de Dieu,
au lieu de donner du pain à son semblable,
pour un peu d'or ou de vanité lui donnait la
mort.

  « *On se fatigue*, dit-il, *à faire arriver la
» morale des sommités du ciel : Dieu l'a atta-
» chée à la simple coexistence des êtres, à leurs*

rapprochemens habituels (1). » Ainsi , qu'on
juge l'Eglise d'une part et M. de Montlosier
de l'autre ! La première entre un homme et son
semblable avait cru devoir placer Dieu pour
les engager à se respecter. Le second ne veut
là entre que le néant : c'était laisser le *champ
libre* au combat et même au *don mutuel* des
passions.

(12) Page 264.

CHAPITRE XVI.

Du royalisme des libéraux.

LES devoirs politiques n'ont guère plus beau
jeu que les autres dans l'ame de l'homme qui,
en détruisant la religion, détruit la seule ga-
rantie de tous les devoirs. M. de Montlosier a
prêté un serment que d'autres refusèrent (1) à
la *constitution de* 1791, qui, en dépouillant la
royauté de ses priviléges, devait la conduire à
l'échafaud. Depuis et lorsqu'une usurpation ap-
parut, il fut des premiers, et presque tout seul,
à quitter son royaliste exil, sinon pour demander des avantages à l'usurpateur, du moins pour
en accepter : « *Je fus appelé*, dit-il, *en* 1801
» *par le chef même du gouvernement, à l'effet de*
» *l'aider à démolir la révolution* (2). » *En Bonaparte*, comme on sait, *la révolution s'était
fait homme :* Bonaparte appela-t-il donc M. de
Montlosier, et M. de Montlosier vint-il pour

---

(1) Et notamment M. Bergasse, et c'est M. de Montlosier
qui nous l'apprend.

(2) *Dédicace* du livre.

détruire cette nouvelle forme de *révolution ?* les événemens ne l'ont pas tout-à-fait prouvé : M. de Montlosier a travaillé dans les ministères du *consulat* et de l'*empire ;* il a fait en France et en Europe *de la monarchie* (1) et des *courses minéralogiques*, sinon à leur profit, dumoins à leurs dépens.

La maison de Bourbon, qui a *fait* la France, et qui a plus qu'aucune autre maison royale *concouru à l'Europe ;* ce Louis XIV qu'elle a produit comme un des plus grands essais de sa grandeur, et que Voltaire lui-même admirait aussi bien que Bossuet, ne dirait-on pas que M. de Montlosier n'ait composé sa *Monarchie française* que pour les ravaler au bénéfice de Bonaparte, *par ordre* duquel il écrivait (2)? «Il » traite Louis XIV de *despote..., esclave d'une* » *femme et d'un prêtre* (3), *dont la cour était* » *livrée à des femmes et à des jésuites* (4). Il dit » *qu'il a consommé notre ruine* (5). » Il ne

---

(1) *De la Monarchie française depuis son établissement jusqu'à nos jours ;* ouvrage où tout devrait être et où véritablement rien n'est positif et démontré. M. de Montlosier embrouille ce qu'avant lui Boulainvillers, l'abbé Dubos et Montesquieu n'avaient déjà que trop embrouillé.

(2) Tom. 1, pag. 234.

(3) Tom. 2, pag. 21.

(4) *Ibid.*, pag. 22.

(5) *Ibid.*, pag. 28.

trouve en lui qu'*un homme qui, étant tout de son vivant, n'a rien laissé après sa mort. Il est possible*, se dit-il, *que ce soit là de la grandeur;* mais *il se demande comment, à une pareille grandeur, s'attachera de la reconnaissance ou de la vénération* (1). Après quoi M. de Montlosier ne craint pas de signaler Bonaparte comme *un homme que la Providence a marqué, un libérateur qu'elle tient en réserve : la France*, dit-il, *ne pouvait être délivrée de la révolution que par Bonaparte... Celui qui doit subjuguer la révolution s'essaye ; comme en se jouant, à subjuguer l'Europe* (2). Heureusement du moins, le poison là se neutralise : c'est une singulière grandeur que celle d'un homme qui *s'essaye, comme en se jouant, à subjuguer l'Europe*, c'est-à-dire qui se fait un *jeu* de mettre la chrétienté à feu et à sang ; et c'est véritablement ici seulement que M. de Montlosier aurait dû *se demander comment, à une pareille grandeur, s'attachera de la reconnaissance et de la vénération ?*

_____

(1) Tome 2, pag. 9.

(2) *Ibid.*, pag. 217. Les ministres de Bonaparte sont associés à ses louanges ; et ce Fouché, qui avait *rendu des services signalés* à la tyrannie, et plus encore à la révolution, M. de Montlosier (page 30 de la *Monarchie* en 1816), nous le présente comme les ayant rendus *à son pays.*

Quoiqu'il en soit, Bonaparte déchu tente une seconde fois la couronne : cette fois, du moins, ce n'était pas l'*anarchie*, c'était bien *la monarchie qu'il détrônait*. Et voilà qu'au moment même M. de Montlosier a dans son portefeuille et publie une seconde *Monarchie française*, dans l'*Avertissement* tout jacobin de laquelle il déclare qu'*il a été facile à Napoléon de se remettre dans* UNE PLACE DONT UN OURAGAN L'AVAIT ÉCARTÉ, *mais qu'une mauvaise politique est venue lui arranger de nouveau et lui restituer*. M. de Lally Tollendal avait comparé le retour d'un Bourbon à la *résurrection* du sauveur des hommes (1); M. de Montlosier le compare, à ce qu'il paraît, à un *ouragan*. Il put très-bien, quelques jours après, refuser, sans utilité pour la monarchie, de voter l'*acte additionnel* de l'usurpation : la *profession de foi* du livre avait assez neutralisé le refus du registre. Enfin, il faut que M. de Montlosier ait été bien cordialement attaché à Bonaparte, puisqu'aujourd'hui que le monde en est délivré, et qu'on apprécie mieux les maux qu'il a faits, en même tems que M. de Montlosier décrie le gouvernement du Roi, il loue celui de l'usurpateur de la façon la plus éclatante, en assu-

---

(10) *Journal des Débats*, du 3 mai 1814.

rant qu'*on ne citerait pas*, sous son règne, *une seule maison qui ait professé l'impiété*...........
« *Parmi les astres révolutionnaires, il en est* » *un*, dit-il ailleurs, *qui les efface tous, c'est* » *l'homme de Sainte-Hélène.* » Et puis après avoir parlé de son talent et de sa *gloire : «* *C'est* » *à lui*, s'écrie-t-il, *qu'il faudrait élever des* » *colonnes... ;* rassemblant tout ce qui se trou-
» vait de débris légitimes pour effacer son
» usurpation... sous son sceptre, la France se
» reportait vers la légitimité : avec la cocarde
» tricolore, les souvenirs se portaient vers la
» cocarde blanche... *L'état d'aujourd'hui offre*
» *une contre-partie singulière....* (1) »

Ailleurs il dit que, *dans le fait, nos dangers n'ont jamais été plus grands* que depuis la restauration; que *la révolution assiégeait la place, et qu'aujourd'hui elle est dedans* ;—que *l'avenir est effrayant;* que si le gouvernement, *aveuglé au milieu de ses gendarmes et de ses prêtres, continue à caresser des erreurs et des vices, sa destinée est marquée, et qu'elle sera terrible*(2).

Après tout il fallait bien, pour être conséquent, que M. de Montlosier tînt ce langage; il avait dit de la chambre *introuvable* que *nous*

---

(1) Pages 376 et 377.
(2) *Dédicace.*

avions demandé à nos départemens des hommes
de bien, et qu'*ils nous envoyèrent des hommes
d'état* (1); qu'*il ne pouvait y avoir une repré-
sentation plus réelle de nos folies, de nos passions, de nos désordres* (2); que *la France fré-
mit de la marche de cette assemblée, qui pouvait
faire tant de bien et qui faisait craindre tant
de mal* (3); qu'*elle conduisait le Roi et la
France dans un abîme* (4). M. de Montlosier,
en un mot, avait cru à la fameuse *terreur*
de 1816; il devait croire à celle du 1*er* janvier 1824; car il faut avouer, à la gloire du ministère de cette dernière époque, que sa *terreur*
a laissé bien loin derrière elle la *terreur* pré-
cédente. Certes, lorsque les ennemis de la légitimité parlent, ils ne le font pas autrement
que M. de Montlosier; et si c'est là de la *monarchie*, c'est *de la monarchie selon M. de
Montlosier.*

Vous voyez *terrible la destinée d'un gouvernement* qui s'entoure de *gendarmes et de
prêtres;* quant à moi, je la vois superbe : les
gendarmes et les *prêtres* sont le ressort du
gouvernement par excellence; c'est par là, et

---

(1) *De la Monarchie en* 1816, pag. 51.

(2) *Ibid.*, pag. 54.

(3) *Ibid.*, *préface.*

(4) *Ibid.*, pag. 86.

par là seulement, qu'on fait et qu'on refait les peuples. Avec les gendarmes on saisit les mauvais sujets, avec les prêtres on les prévient.

Telles sont les opinions anti-monarchiques de M. de Montlosier. Et qu'on ne s'imagine pas que ses perpétuelles apologies de la noblesse (1) en soient une contradiction ; elles n'en sont qu'une conséquence. Il fut un tems où les nobles étaient les appuis naturels de la monarchie, parce qu'ils étaient, dans la magistrature ou dans l'armée, ses principaux fonctionnaires. Aujourd'hui que la noblesse, très-communément indépendante de fonctions

---

(1) J'en dirais presque autant de sa prédilection pour *l'assemblée constituante* (page 219), et de son opinion connue sur la nullité des ventes de biens d'émigrés. M. de Montlosier était de l'*assemblée constituante*, et il émigra : il est difficile, si ce n'est de parler juste, du moins de parler avec utilité dans ses propres intérêts. Ce qui, seul, prouverait que M. de Montlosier ne trouve nulle la vente des biens d'émigrés que parce qu'il est émigré lui-même, c'est qu'il croit bonne la vente, au moins aussi inique, des biens du clergé : « En 1789, » se dit-il, *a-t-on dû vendre les biens du clergé? Non. A-t-on* » *pu les vendre? C'est une question d'une autre nature.* » (*De la Monarchie en* 1816, page 72.) Le sophisme, je pense, n'est pas assez adroit ici pour voiler l'injustice. M. le *comte de* Montlosier se faisant l'avocat des biens de la noblesse lorsqu'il est l'adversaire de ceux du clergé, me semble la revenue de M. l'*abbé* Syeyes, qui demanda l'expropriation des nobles, et se fit éloquent pour défendre le domaine de l'église.

publiques nécessaires, est moins un *bras* qu'un lustre, ou un moyen d'illustrer pour le pouvoir politique, se pourrait-il qu'elle soit d'une assez haute importance pour mériter l'attention sans fin, et même exclusive, d'un véritable publiciste ? Car, il faut savoir que dans tous ses ouvrages, dans tous ses chapitres, je dirai presque à toutes ses pages, M. de Montlosier semble ne voir, ne vouloir, n'aimer, ne trouver beau et bon que la noblesse. S'il est assez indifférent pour la royauté, s'il attaque avec tant de haine le sacerdoce, c'est comme pour les *sacrifier* à elle. Dans la *dédicace* de son livre *à la noblesse française*, il annonce qu'*il aura le courage de proclamer le scandale de la noblesse*, comme le prêtre a celui de proclamer *le scandale de la Croix*. Quelques lignes après, comparant encore la *noblesse* au *christianisme*, il lui annonce *les mêmes événemens et la même gloire*. S'il y a un moyen certain de rendre ridicule une institution honorable, c'est de vouloir la faire sublime. M. le comte de Montlosier est noble ; il n'est pas aujourd'hui davantage : il est assez naturel qu'il y voie toutes les grandeurs qui lui manquent ; on se dédommage de ce qu'on n'a point par l'exagération de ce qu'on possède.

Voilà, en résumé, mais exactement, les

épouvantables doctrines de M. de Montlosier.
Appliquées, elles seraient de nature à tuer encore la société, sans excepter M. de Montlosier
lui-même. Que me font alors et la pureté de
motifs et sa déclaration qu'*il n'écrit pas pour ses
le suffrage, mais pour le salut de ses contem-
porains* (1)? « De grands hommes (c'est aussi
» lui qui parle) (2) peuvent faire du mal avec
» de bonnes intentions. Je dois leur dire qu'avec
» la conduite qu'ils tiennent, ils n'arriveront à
» aucune des fins qu'ils espèrent, mais au con-
» traire à tous les malheurs qu'ils redoutent. »

Mais, dira-t-on, M. de Montlosier, en France et
même en Europe, est rangé parmi les écrivains
royalistes? Et quand même! « Il n'est pas jus-
» qu'à Hébert et Danton, Cochon et Carnot, dit
» M. de Montlosier lui-même (3), qui, dans leur
» tems, n'y aient été rangés aussi », avec beaucoup moins de titres assurément que lui. Il ne
paraît pas, après tout, que le royalisme de celui-ci ait jamais passé pour bien orthodoxe; je
n'en voudrais pour preuve que l'observation
qu'il nous fait encore *qu'à Coblentz, à Bru-
xelles, à Londres, ce n'est pas de la part des*

---

(1) Préface de *la Monarchie de* 1816.
(2) Page 257.
(3) *Introduction.*

revolutionnaires que les attaques contre lui ont été le plus vives (1). Et puis, tout récemment, lorsque la plupart des journaux royalistes ont critiqué ou tu son livre, n'a-t-on pas vu les feuilles libérales, et jusqu'à celle qui est entre les mains de libéraux qu'il attaque corps à corps (2), s'emparer de toute une partie de son livre (une partie impie, comme de juste) pour s'en faire un grand *moyen d'opposition ?*

---

(1) *Introduction.*

(2) Le *Courrier,* fondé, et sûrement continué, par MM. Royer-Collard et Guizot.

CHAPITRE XVII.

Du talent libéral.

Du reste, M. de Montlosier n'a que le talent de quelques pages, et même seulement de quelques périodes; et ce mérite, il ne l'a, bien entendu, que lorsqu'il dit la vérité, c'est-à-dire le plus souvent, lorsqu'il se contredit. D'ailleurs, le talent d'un livre, et surtout d'un livre sur la *Monarchie*, c'est-à-dire sur la société tout entière, lui manque absolument (1).

Il résulte assez, je pense, de la discussion à laquelle je me suis livré, que M. de Montlosier est

(1) M. de Montlosier a successivement traité de la *Monarchie française jusqu'à nos jours*, de la *Monarchie au 1ᵉʳ avril* 1815, de la *Monarchie depuis la deuxième restauration, jusqu'à la fin de la session de* 1816, de la *Monarchie au 1ᵉʳ janvier* 1821, de la *Monarchie au 1ᵉʳ juin de la même année*, de la *Monarchie au 1ᵉʳ janvier* 1824. Un écrivain politique qui a la prétention de traiter de la politique *à tel ou tel jour* précisément, me paraît jugé. La société, comme l'homme qui n'est que la *société en abrégé*, soit qu'elle avance, soit qu'elle recule, marche sans doute perpétuellement, mais aussi insensiblement : les siècles sont ses années. Le faible écrivain (et à cet égard l'écrivain même de génie est toujours faible) doit la saisir à tel ou tel

étranger au mérite de l'art, et si je puis me permettre de le dire, *de la verité dans l'erreur.* Il redit, mais mal, les anciens sophismes; et sous ce rapport, je le félicite de son infériorité sur ses devanciers. On le lit encore lorsqu'il traite de la politique; mais quand arrivent les pages et surtout les chapitres *ex professo* de religion, ou plutôt de *religiosité* (1), on se trouve arrêté tout court : l'obscurité et l'inintelligence sont à leur comble. Indépendamment de son livre *des Mystères de la vie,* M. de Montlosier nous annonce, pour la fin de l'année, un ouvrage intitulé: *Des moralités du christianisme, considérées dans leur rapport avec les moralités sociales* (2). Il n'y a, dans la religion comme dans la monarchie, que des pouvoirs, des droits et des devoirs : les livres, en cette matière, doivent porter là-dessus sous peine de porter à faux. Un auteur qui ne voit dans le monde que *des moralités en rapport avec des moralités,* est con-

---

siècle : c'est ainsi que M. de Bonald a traité *du divorce au dix-neuvième siècle.* Mais l'homme qui s'imagine voir une monarchie aux premiers de mois, à la façon de l'astronome qui y regarde la lune, voit des nuages ou ne voit rien.

(1) Voyez le chapitre *des Moralités dans le Christianisme.* Il y en avait déjà sous ce rapport trois remarquables, les 10ᵉ, 11ᵉ, 12ᵉ, dans la *Monarchie au* 1ᵉʳ *juin* 1821.

(2) Page 522.

damné à exprimer habituellement l'erreur et la vérité par hasard.

M. de Montlosier n'a pas plus le mérite de la forme que celui du fond : il annonce toujours des *plans*, et il offre des chaos. Il dit que le *caractère particulier de sa doctrine est d'être fortement lié dans toutes ses parties* (1) ; ne va-t-il pas jusqu'à prétendre qu'ainsi que ses divers volumes sur la *Monarchie* se suivent en date, ils se suivent aussi en ordre de matières? Et je n'ai pas trouvé, dans tous ses ouvrages, une idée qui tienne à l'autre ; et il n'est pas une de ses nombreuses erreurs qu'il n'ait lui-même réfutée! C'est au reste le propre de tous les sophistes de neutraliser leurs calamités.

_____

(1) Page 27.

CHAPITRE XVIII.

Des aveux involontaires des libéraux en faveur de la religion
et de la monarchie.

M. de Montlosier déclame contre les *abus*
du clergé ; et il fait du clergé le plus magnifique
éloge en faisant remarquer que *brisé comme les*
autres corps il s'est aujourd'hui fortement re-
levé (1); et il reconnaît même formellement que
les mœurs des prêtres sont en général très-hono-
rables (2); et il les reconnaît même *saints* (3)!

M. de Montlosier se récrie contre les corporations religieuses, et il lui échappe une très-
belle apologie des corporations religieuses !
« Allez trouver, dit-il, un simple général d'or-
» dres mendians ; que dis-je ? allez trouver une
» de nos supérieures des filles de la Charité ;
» observez sa volonté se portant rapidement
» chaque jour dans les diverses parties de la
» France...Messieurs les maréchaux de France,

---

(1) Page 95.
(2) Page 300.
(3) Page 246.

» vous avez commandé avec habileté de grandes
« armées auxquelles vous aviez des trésors à
» distribuer... qu'êtes-vous auprès de Pacôme
» remuant dans la Thébaïde 5o,ooo moines
» auxquels il n'a à distribuer que le jeûne et
» la prière (1)? »

Ces jésuites même, pour lesquels M. Montlosier a tant de haine qu'il leur prête de susciter
la philosophie qu'ils sont appelés à confondre,
il reconnaît leur excellence en parlant de *leur
lien de discipline admirable* (2). Il reconnaît
que *l'opposition aux missionnaires et aux corporations religieuses chargées de l'enseignement*
(dont les jésuites font sans doute partie), *part
du ban des athées et des philosophes* (3).

Il signale comme la plus grande des usurpa-
tions la participation du clergé aux emplois
civils, et il déclare impie son isolement de la
société! « *Non seulement*, dit-il, *on a pro-
» noncé une maxime impie en parlant de sé-
» culariser la législation, c'est-à-dire en écar-
» tant les prêtres de tous les actes domestiques,
» de tous les actes civils, de toutes les grandes
» cérémonies de l'état* (4). » Et de nouveau :

(1) Page 211.
(2) Page 291.
(3) Page 28.
(4) *De la Monarchie au* 1er *avril* 1815, pag. 510.

« Un autre caractère du prêtre, c'est qu'éloi-
» gné du monde, il y est appelé sans cesse.
» C'est d'abord dans les trois grands événe-
» mens de la vie, la naissance, le mariage et
» la mort. C'est aussi dans toutes les cérémo-
» nies destinées à la solennisation des événe-
» mens nationaux (1). *Il est donc vrai que le*
» *prêtre doit avoir une grande importance*
» *dans la société* (2).

M. de Montlosier ne veut point de sacerdoce
et il déclare le sacerdoce *la plus imposante
de nos institutions* (3); et il en fait la source
de la *force*, c'est-à-dire de la grâce ! « Le céli-
» bat, dit-il, est pour le sacerdoce une néces-
» sité; les dominateurs de la chair ne doivent
» pas lui être soumis. *Ceux qui donnent des
» forces doivent être forts* (4). » M. de Montlosier ne veut point de culte, et il déclare
« qu'il est connu que *le menu peuple ne sau-
» rait adorer Dieu si on ne présente à ses
» yeux une figure sensible. Nos églises sont plei-
» nes des images de Dieu et des saints, etc.* (5). »
Ce que M. le comte de Montlosier croit utile

---

(1) Page 511.
(2) Page 512.
(3) *De la Monarchie au* 1er *avril* 1815. Page 492.
(4) Page 510.
(5) Page 153.

pour *le menu peuple*, et ses vassaux sans doute, l'Eglise universelle l'a déclaré nécessaire pour lui-même. En fait de devoirs, quelques grands que nous soyons, nous sommes tous hommes et tous égaux. La grandeur même, loin d'être une cause de dispense, en est une d'aggravation de la règle; car elle est une cause particulière de tentation et un moyen particulier de séduction. Ensuite, comment voulez-vous, M. de Montlosier, que *le menu peuple*, qui sans cesse vous regarde, *comte* et célèbre écrivain que vous êtes, se soumette à des observances que vous dédaignez?

M. de Montlosier enfin est véritablement entaché de toutes les doctrines hérétiques à la fois; il est véritablement protestant, philosophe, libéral dans toute la force des mots; et il traite tous ces gens-là de *révoltés contre la religion de France!* « Il faudra, dit-il, recher- » cher pourquoi on a vu s'élever contre la re- » ligion de France, sous le nom de protes- » tantisme, de jansénisme, et finalement, » d'athéisme et de philosophie, des résistances » et des révoltes (1). » Dès le tems de Bona- parte et dans son grand ouvrage, M. de Mont-

_____

(1) Page 159.

losier avait dit : « Le protestantisme ne réfor-
» mait pas seulement le sacerdoce , il le
» détruisait. Sous le prétexte de régler le rite
» religieux, on le flétrissait ; en ôtant aux cé-
» rémonies toute pompe , on leur ôtait toute
» action ; on privait le christianisme de l'état
» monastique : c'était le priver de sa principale
» force et de son principal lustre (1). » Enfin
M. de Montlosier est philosophe , et il traite la
philosophie de *folies* (2) ; et il déclare qu'*il abhorre la doctrine libérale* (3) ; et il anonce qu'*il
veut anéantir la doctrine de MM. Guizot et
Royer-Collard*; « *car si elle ne périt pas* , dit-il,
» *la France et l'Europe périront* (4) ! »

M. de Montlosier *proteste* contre toutes les
règles , contre toutes les actions de la cour de
Rome ; il veut les *réformer* toutes ; et il parle
du souverain pontife en des termes admirables,
et il dit que *ses décrets sont adressés* , *en même
tems que ses bénédictions* , à Rome et au monde,
urbi et orbi (5) ; et il appelle *excellent* l'ouvrage

---

(1) Tome II , p. 581.
(2) *Post scriptum.*
(3) *Introduction* , pag. 14.
(4) *Ibid.* , page 37.
(5) Page 512.

du Pape, de M. le comte de Maistre (1), c'est-à-dire l'ouvrage le plus ultramontain qu'on ait publié depuis un siècle !

M. de Montlosier enfin est eminemment *multiple*, puisqu'il est eminemment *indépendant* dans ses doctrines (2); et il a proféré ces magnifiques principes *d'unité* et de *dépendance*, conservateurs et restaurateurs des sociétés, qui me feraient presque lui pardonner tous ses livres, et qui devraient se lire seuls, en lettres d'or, sur le fronton du palais des rois :

» UNUS DEUS, UNA ECCLESIA, UNUM BAP-
» TISMA : C'EST AINSI QUE LE CHRISTIANISME
» A MARCHÉ A LA CONQUÊTE DU MONDE. C'EST
» AVEC CET ESPRIT D'UNITÉ QUE LE GOUVER-
» NEMENT MARCHERA A LA RÉPARATION DE
» LA FRANCE (3).

» LA DÉPENDANCE, VOILA CE QUI FORME

---

(1) Page 284.

(2) L'indépendance de l'esprit produit en effet la *multiplicité* des doctrines, comme sa dépendance produit leur *unité*. Lorsque tout le monde a le droit de se faire à son gré sa métaphysique et sa morale, tout le monde se la fait *différemment;* il y a autant de sentimens que de têtes, *tot capita, tot sensus.* Et c'est pourquoi les erreurs sont essentiellement innombrables, et la vérité unique; comme d'un point à un autre il peut y avoir une infinité de lignes courbes, et une seule droite.

(3) *De la monarchie en* 1816, p. III.

» LA VIE DES SOCIÉTÉS. L'INDÉPENDANCE EN
» EST LA DESTRUCTION (1) ».

Au reste, M. de Montlosier n'est pas plus
conséquent en politique qu'en religion : il fait
des apologies de Bonaparte, et il dit que ce
fut un *usurpateur*; il le fait à la fois le *démo-
lisseur de la révolution* et le plus éclatant des
astres révolutionnaires, c'est-à-dire apparemment des astres qui mettent le feu; le *vain-
queur de la révolution* (2) se trouve en même
tems un *mélange d'Attila* (3). M. de Montlosier a dit que *le consulat* et *l'empire* furent les
beaux jours de la piété en France; et il a dit
aussi que *l'absence de toute religion était le caractère le plus frappant de l'âge* d'alors (4). Je
vois dans un endroit que *la France ne pouvait
être délivrée de la révolution que par Bonaparte* (5); et je lis dans un autre que *la France
devait être rétablie par Louis XVIII* (6). M. de

---

(1) *De la Monarchie en* 1816, p. 157; dans un des meilleurs
chapitres de l'auteur, intitulé : *Premier principe d'un mouve-
ment révolutionnaire universel: esprit d'indépendance.*

(2) *De la Monarchie depuis son établissement* (avertissement).

(3) *De la Monarchie en* 1816, pag. 14.

(4) *Ibid.*, tom. 3, p. 288.

(5) *Ibid.*, tom. 2, p. 217.

(6) *Ibid.*, tom. 3, p. 194.

Montlosier a fait l'apologie du 20 *mars*, il est au moins *modéré* puisqu'il est libéral ; et il se flatte, comme d'un honneur, d'avoir prédit d'avance les calamités du 20 *mars* et du 5 *septembre* (1). Dans la même page, la charte est simultanément un *chiffon de papier* et *une base même, et un appui pour le pouvoir* (2).

Enfin, M. de Montlosier détruit d'un trait tout son livre et ses doctrines tout entières. Il a déclaré que *le mal n'avait jamais été plus grand ni l'avenir plus effrayant* qu'ils ne le sont aujourd'hui, et le tout parce qu'on tolère la société des missionnaires et l'ordre des jésuites, et *dans la même........ phrase*, il promet à la noblesse (c'est-à-dire à je ne sais qui) qu'*il lui rendra compte de sa conduite quand...* LA MONARCHIE SERA COMPLÈTEMENT RÉTABLIE, c'est-à-dire incessamment ; car il déclare, à quelques lignes de là, qu'*il est arrivé au terme de sa vie*, et qu'*il est candidat d'un tombeau qu'il obtiendra bientôt* (3).

---

(1) *Introduction.*
(2) *Dédicace.*
(3) *Ibid.*

CHAPITRE XIX.

Imitation libérale.

Il y avait dans le 17ᵉ siècle, un homme noble d'extraction, Comte, fortement engoué de sa noblesse, savant en vieille histoire de la monarchie, auteur de beaucoup de livres où se trouvent de belles pages, au milieu des plus sottes dissertations sur la *France* et la *noblesse;* grand partisan du gouvernement féodal, qu'il appelle le *chef-d'œuvre de l'esprit humain*, et par dessus tout du déisme et de Mahomet, dont il fait son héros ; *M. le comte de Boulainvillers* enfin. Cet homme m'avait frappé dans mes études historiques : je l'ai retrouvé tout entier dans M. le *comte de Montlosier.* Seulement, au lieu de la *France*, celui-ci a mis la *Monarchie française* à la tête de ses ouvrages ; et tandis que l'un s'était constitué l'admirateur de Mahomet, l'autre paraît s'être fait celui de Pythagore (1). Au milieu de cela, M. le comte

(1) « Après Pythagore, qui n'a point d'égal, dit-il, Aris-
» tote est, selon moi, le plus grand génie de l'antiquité »,

de Boulainvillers ayant précédé **M.** le comte
de Montlosier son imitateur, il a un avantage
naturel sur lui, c'est celui de l'originalité.

---

page 323. Pour le dire en passant, c'est une chose remarquable
que les libéraux soient tous partisans d'Aristote : belle apologie de Platon !

CHAPITRE XX.

Conclusion catholique.

Qu'avons-nous voulu, au reste, dans la réfutation que nous avons faite du dernier ouvrage de M. de Montlosier? Remplir un devoir, et non exercer une liberté. Nous n'avons voulu ni flétrir son talent, ni surtout affliger son cœur : loin de nier l'esprit de M. de Montlosier, notre réfutation le suppose ; et la force et la durée de l'attaque sont apparemment une preuve de la capacité de l'ennemi. M. de Montlosier appartient à une grande classe de la société ; il a exercé de grandes fonctions ; il a écrit des pages éloquentes ; il mène une vie honnête, et même, à ce qu'il paraît, sévère (1) ; il jouit d'un grand renom, et il exerce sur l'opinion publique une assez grande influence : il était urgent de montrer à la société le venin dont les écrits de

---

(1) Je lis, pages 311 et 312 de son livre, une critique du théâtre. Seulement je suis fâché qu'elle ait moins l'air d'avoir été faite dans l'intérêt des mœurs que comme une occasion de satire contre un confesseur.

cet homme sont affectés, et de prémunir la jeunesse contre les séductions dont sa façon d'écrire
est susceptible. Nous pouvons dire à M. de Montlosier ce qu'il dit lui-même à quelques-uns de
ses amis, qu'il croit ses adversaires : « Les atro-
» cités de la révolution ne sont pas dans le cœur
» humain; elles sont dans le cœur de vos doc-
» trines (1). » Or, « le gouvernement a consacré
» la liberté de la presse dans nos tems difficiles,
» comme ces fanaux qu'on place sur des côtes
» ardues pour éclairer sur leurs écueils (2). »

Nous avouerons même que nous avons aspiré
à une autre satisfaction, celle de gagner à la
cause de la religion et de la monarchie, un
homme digne à tant de titres de la défendre(3);
et notre espoir après tout est assez raisonnable :

(1) *De la monarchie en* 1816, page 409.
(2) Page 167.
(3) Il suffirait, pour s'en convaincre, de lire le seul titre
d'un de ses chapitres : *Fausses craintes du gouvernement relati-*
vement aux forces de la révolution. Les méchans, en effet (et
la révolution n'est pas autre chose), n'ont de force que la faiblesse des bons ; et quand ils ont la puissance, c'est que les
gouvernemens l'ont abdiquée. M. de Montlosier a toujours
manifesté des sentimens excellens sur la famille, la corpora-
tion, la municipalité ; j'ai lu de lui de bonnes *observations* sur
un mauvais *Code civil* ; j'ai remarqué encore qu'il avait très-
bien parlé des lois d'élection, de la presse et du recrute-
ment, etc., dans *sa Monarchie en* 1816.

6

M. de Montlosier n'est pas un homme ordinaire; il a étudié tous les genres de connaissances de front : dégagé de ses préjugés religieux, il était capable de les éclairer toutes. Son
intelligence, qui s'est montrée en état de parve-
nir aux dernières erreurs, est, par là même,
plus susceptible de s'élancer aux vérités les plus
fécondes ; et c'est pourquoi tant de grands incrédules sont devenus croyans, lorsque les petits
meurent dans leur stupidité. M. de Montlosier
se trouve en particulier avec un privilége, celui
d'avoir exprimé des opinions royalistes et religieuses avec des sentimens impies et démo-
crates; en sorte qu'il a moins à se convertir
qu'à revenir entièrement à la vérité. Il est d'ailleurs parvenu à l'âge où les passions, désen-
chantées, rendent facile l'accès de la raison : *le
candidat d'un tombeau* me semble aller assez
bien avec celui de la vérité.

« J'ai vu, dit M. de Montlosier, j'ai vu
» M. Desprémesnil honteux de ses premiers ap-
» pels au peuple ; j'ai vu Barnave indigné de ses
» premières allocutions démocratiques. Encore
» quelque tems, et MM. Guizot et Royer-Col-
» lard, s'ils étaient assez malheureux que de
» voir dominer leur opinion, maudiraient le
» moment où ils l'ont conçue (1). » Toutes les

---

(1) Page 90.

erreurs de MM. Desprémesnil et Barnave, de MM. Guizot et Royer-Collard, M. de Montlosier les a professées; il en sera un jour bien plus *honteux* que les premiers, et, *s'il était assez malheureux que de les voir dominer, il maudirait,* au moins autant que les autres, *le moment où il les a conçues.*

Mais que M. de Montlosier ne croie pas que pour revenir à Dieu il n'aie besoin que *de se recueillir en lui et de demander en haut des secours* (1). Il a bien été donné à l'homme d'*être délié sur la terre,* mais pas de se délier lui-même. Il faut travailler avec l'autorité pour travailler avec efficacité : tout seul, l'homme *sacrifie au néant.* Au reste, que M. de Montlosier se départe de ses craintes insensées du ressentiment des *bons prêtres :* leur générosité est bien plus grande que n'a été sa haine; ils sauront lui pardonner, quoiqu'ils n'aient pas voulu se défendre. Ils le tiennent pour un de leurs enfans le plus chers; ils n'ont pour lui

---

(1) « Et ces bons prêtres, dont je blâme les dispositions
» politiques, dirai-je tout ce dont je suis menacé de leur
» part?... Je ne les ai point abandonnés, eux, dans leurs mau-
» vais jours; s'ils m'abandonnent dans mes derniers momens,
» *qu'ai-je à faire, si ce n'est de me recueillir en moi, et de de-*
» *mander en haut des secours ?* »

que des bénédictions, et ils n'auront garde de l'*abandonner dans ses derniers momens*. M. le comte de Boulainvillers a fini par mourir entre les bras de la religion ; M. de Montlosier fera mieux (je vous le demande, ô mon Dieu!); avant le bonheur de mourir avec la religion, il aura eu celui de vivre avec elle.

FIN.

APPENDICE.

—

Nous avons choisi pour matière à réfutation les livres philosophiques de M. de Montlosier. Aussi bien nous aurions pu faire un choix différent; car une solide réfutation d'un mauvais livre de ce genre doit s'appliquer à tous les autres : ouvrez toutes *les œuvres philosophiques* du dix-huitième siècle, en cela si fécond, c'est toujours et seulement l'autorité, le culte, le dogme et la morale que vous trouverez plus ou moins mal, plus ou moins généralement attaqués : cela ôté, tout le reste est insignifiant ou juste.

Prenons un exemple plus récent. M. Benjamin Constant a dernièrement publié un livre sous le titre, de *La Religion considérée dans sa source, ses formes, et ses développemens*. On ne croirait certainement pas qu'il traite, au fond, le même sujet que M. de Montlosier dans ses perpétuelles *Monarchies françaises* à tel ou tel premier de mois, et pourtant rien n'est plus vrai. Ce sont les mêmes principes et les mêmes vœux secrets dans deux ouvrages : il n'y a que les titres et la forme de différens. *Démélons* encore une fois les fonds de vérité à travers l'érudition ou le verbiage, les protestations ou les inconséquences dont on a le soin ou la faiblesse de les entourer. Cette fois, je l'espère, si M. Benjamin

Constant peut dire, comme dans *le Constitutionnel* du
25 juin, qu'*on l'accuse de penser le contraire de ce qu'il a
pensé*, il ne pourra pas prétendre qu'*on lui fait dire ce qu'il
n'a pas dit* : ce ne sera pas moi qui parlerai, mais lui-
même.

M. Benjamin Constant affirme, comme M. de Montlosier, que *la nature a placé notre guide dans notre sens
intime* (Préface page 26). Développant sa pensée: « Oui,
» il y a une révélation, dit-il, mais cette révélation
» est universelle, permanente, elle a sa source dans le
» cœur humain. L'homme n'a besoin que de s'écouter
» lui-même et la nature pour être porté à la religion. »
(livre, page 17). Et c'est *de ce sentiment intérieur* de la
religion qu'il veut faire l'*histoire*, qui, selon lui, *reste
en entier à concevoir et à faire* (page 13). Qui ne voit que
M. Benjamin Constant ne donne au *sentiment* le privilége de nous servir de *guide* que pour le refuser à l'autorité? Il le déclare aussi formellement en concluant
que *le principe de la vérité n'est ni le raisonnement, ni
l'autorité, mais le sentiment* (page 79). Et mieux encore ailleurs : « *La préférence du sentiment religieux
» porte nécessairement un grand préjudice à l'autorité*
» sacerdotale. Elle met l'homme en communication
» directe avec la Divinité, et lui rend superflue l'in-
» tervention des intermédiaires » (page 47). M. Benjamin Constant veut enfin que l'autorité « *ne puisse ni
» ne doive* tenter d'entraver, ni même d'accélérer les
» améliorations apportées à la religion par les efforts
» de l'intelligence ; que *l'autorité soit* en un mot

» *neutre* » (page 150). Il est évident que c'est ôter à
l'autorité son action, et ne vouloir pas d'autorité.

Le déni du sacerdoce, chez M. Benjamin Constant,
aussi bien que chez M. de Montlosier, est le déni du
culte. Dans son système, *l'homme dédaigne la magni-*
ficence des cérémonies; il ne s'occupe que de l'Etre in-
fini, etc., (page 59).

Encore ici le déni du culte est, sinon le déni, du moins
le doute et l'incertitude du dogme même de Dieu, et
l'incertitude du dogme celle des devoirs : M. Benjamin Constant parle de « *l'émotion indéfinissable qui*
« *semble nous révéler un Etre infini*, ame, créateur, *es-*
» *sence du monde* (qu'importent les dénominations im-
» parfaites qui nous servent à le désigner?...) (*Pré-*
» *face*). » M. Benjamin Constant n'est pas sûr de
l'Etre infini, puisqu'il ne peut le *nommer* et qu'il ne le
connaît que sur une *émotion* qu'il ne peut même *définir*
et qui ne fait que *sembler le lui révéler*. Il est naturel *qu'il*
ne veuille point déterminer comment la religion a com-
mencé, mais seulement de quelle manière, lorsqu'elle est
dans l'état le plus grossier qu'on puisse concevoir, elle
parvient graduellement à des notions plus pures (p. 157);
et qu'il trouve en conséquence que *l'hypothèse du peuple*
primitif de la Genèse *impose à ceux qui l'adoptent une dif-*
ficulté de plus à résoudre (p. 162), et que *dans la religion*
des hordes sauvages soient les germes de toutes les notions
qui composent les croyances postérieures (p. 365).

Nous avons signalé les moyens, voici le but ; nous
avons fait voir les prétentions ouvertes, voici le désir

caché. M. Benjamin Constant emploie un chapitre *ad hoc* pour démontrer que le *sentiment religieux est toujours favorable à la liberté* (page 84). Et qui ne sait si le commentaire de ce mot de *liberté* ne se trouverait pas dans cette épouvantable proposition qui est plus criminelle que les plus grands crimes, puisqu'elle tend à les *justifier*, c'est-à-dire à les rendre *vertus* tous, échappée à l'auteur dans un moment de naïveté, et qui aussi se contredit elle-même (1) : *les révolutions sont des momens d'orages où l'homme....* PEUT DEVENIR CRIMINEL PAR LES MOTIFS LES PLUS PURS (Préface, p. 22)?

Telles sont, de la bouche même de M. Benjamin Constant, les rigoureuses et fatales conséquences de son prétendu principe du *sentiment religieux*. Et cependant ne s'avise-t-il pas de l'imputer calomnieusement à M. de Châteaubriand, qu'il appelle *le premier de nos écrivains* et *qui a peint*, selon lui, *la partie rêveuse et mélancolique du sentiment religieux* (page 115)? M. de Châteaubriand n'a sûrement pas lu, ou pu lire *l'insolente estime* que M. Benjamin Constant a pour lui ; car il ne l'a pas encore publiquement sommé, comme dans le tems Mirabeau vis-à-vis de Beaumarchais, *de la reprendre*.

A qui abhorre la sainteté politique il ne faut point, j'imagine, de *politique sainte ;* et M. Benjamin Constant, dont la politique laïque est d'ailleurs assez con-

---

(1) Car qu'est-ce que des *motifs purs* qui produisent des *crimes?*

nue , nous la révèle assez bien tout entière en nous disant que la *politique sainte* de Bossuet , c'est-à-dire la politique la plus bienfaisante qu'il puisse y avoir , *aurait mérité les honneurs de l'imprimerie impériale de Constantinople* (page 109.)

M. Benjamin Constant ne fait que ramasser dans son livre les erreurs de tous les tems et de tous les philosophes. Comment alors a-t-il eu la simplicité de prétendre que *personne , jusqu'à lui , n'avait contemplé la religion sous le point de vue* sous lequel il l'envisage , c'est-à-dire sous le point de vue *du sentiment* (p. 104)? Il dit qu'*il n'a déclaré la guerre à aucun dogme* (page 141), et véritablement il les ruine tous. Il déclare qu'*Hume a peu de connaissances approfondies* (page 122); que *les systèmes de Dupuis et de Volney reposent sur les mêmes vices de raisonnement* (page 191); que J. J. Rousseau est *un architecte aveugle* (page 116); et son livre à lui n'est , sauf quelques documens des derniers voyageurs sur la *religion* des sauvages , et au talent près , que la reproduction de leurs sophismes. Il reconnaît, tout protestant qu'il se déclare , les *trente ans de massacres du protestantisme* (Préface, page 22) , et il renouvelle les doctrines qui pourraient les renouveler!

A la vue d'ouvrages aussi pleins d'erreurs , aussi gros de malheurs que le sont , entre mille autres , ceux de MM. de Montlosier et Benjamin Constant, comment le ministère , entre les mains duquel sont les dernières destinées de la France , ne se convaincrait-il pas , à la fin, de l'immense nécessité de rétablir, sinon une grande

7

censure préalable pour sauver ces ouvrages à la société et à leurs auteurs, du moins une *chambre* dans une cour de justice, dont les membres soient tous incapables de les acheter pour s'y instruire, et en état de les entendre pour les réprimer? On ne songe pas assez que, si avec d'autres moyens on facilite, c'est avec les doctrines, c'est-à-dire avec les *livres* seuls qu'on engendre et les restaurations et les révolutions.

FIN DE L'APPENDICE.

TABLE

DES CHAPITRES.

———

Nota. Les citations de pages , dans le cours de la brochure,
quand elles ne sont pas suivies de l'indication d'un autre ouvrage de l'auteur réfuté, se rapportent à son dernier , sous le
titre de *la Monarchie française, au 1ᵉʳ janvier* 1824.

FIN DE LA TABLE.

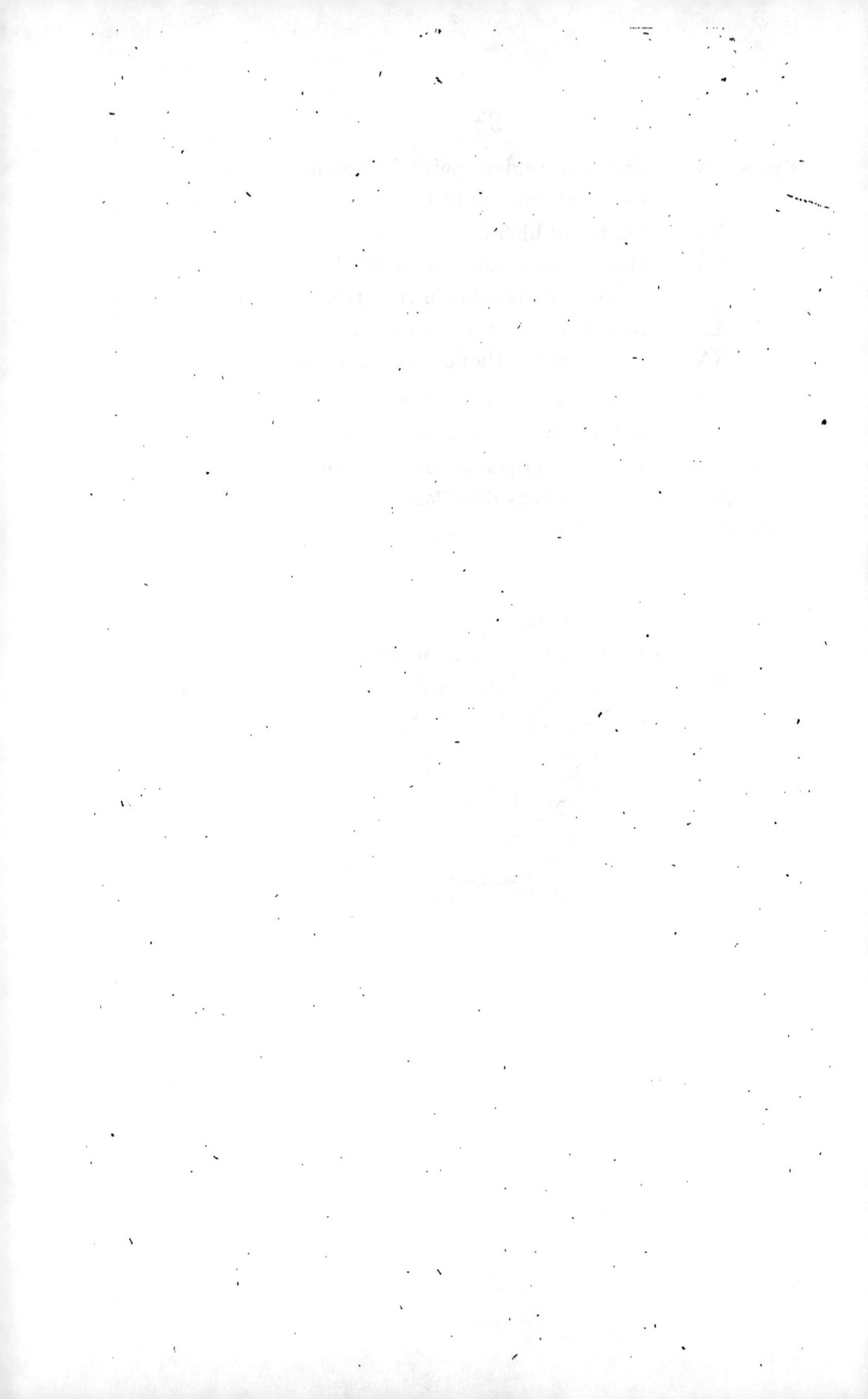

www.ingramcontent.com/pod-product-compliance
Lightning Source LLC
Chambersburg PA
CBHW070125100426
42744CB00009B/1744

9 7 8 2 0 1 2 8 1 6 4 6 6